AF290868

Bibliografische Information der Deutschen Nationalbibliothek:

Die Deutsche Nationalbibliothek verzeichnet diese Publikation in der Deutschen Nationalbibliografie; detaillierte bibliografische Daten sind im Internet über http://dnb.d-nb.de abrufbar.

Impressum:

Copyright © 2016 Studylab

Ein Imprint der GRIN Verlag, Open Publishing GmbH

Druck und Bindung: Books on Demand GmbH, Norderstedt, Germany

Coverbild: ei8htz

Max Köhler

Differenzielles Lernen im Sport

Ein Trainingskonzept zur Verbesserung der Passtechnik im Fußball?

2016

Inhaltsverzeichnis

1. Einleitung und Problemabgrenzung

Mehr als jeder vierte Deutsche ist während seiner individuellen Freizeit in einer gemeinnützigen Organisation aktiv (Braun, 2011). In keinem anderen Bereich sind mehr Menschen ehrenamtlich und freiwillig engagiert als im Sport. Somit ist dieser Sektor der wichtigste und bedeutendste Träger bürgerlichen Engagements (Breuer, 2007). Der Mittelwert bezüglich des Alters dieser Ehrenamtlichen liegt je nach Funktion zwischen 35 und 53,7 Jahren (Breuer & Feiler 2015).

Allein im Fußballsport sind über eine Million Bürger[1] ehrenamtlich als Vorstandsvorsitzende, Physiotherapeuten oder Übungsleiter tätig. Sowohl der Deutsche Fußball Bund (DFB) im Allgemeinen als auch seine Landesverbände im Speziellen haben sich verpflichtet, das Ehrenamt aktiv und stetig zu fördern (DFB, 2014; Berliner Fußball Verband, 2014).

Anzunehmen ist, ohne das verlässliche Zahlen diesbezüglich vorliegen, dass ein stark überwiegender Teil der Übungsleiter in ihrer wöchentlichen Tätigkeit im Trainings- und Spielbetrieb die ihnen aus ihrer aktiven Zeit bekannten und als wirksam angesehenen Trainingsmethoden anwendet, um individuelle Verbesserungen ihrer Spieler zu erzielen.

Haben sich in der Historie auf der einen Seite vereinzelte Aspekte des Fußballs, wie zum Beispiel die Spielsysteme, stets verändert und angepasst (Peter, 2007), so unterziehen sich auf der anderen Seite die traditionellen Trainingsansätze bzw. Trainingsprinzipien zunehmend einem umfangreichen, wissenschaftlichen Diskurs (Schöllhorn, 2009; Sechelmann & Schöllhorn, 2003; Schöllhorn, W., Beckmann, H., Janssen, D. & Michelbrink, M., 2009). Dieser Kritik werden auch die Standardwerke der Trainingslehre unterzogen (Verchoschanskij, 1998). Bezogen auf den Fußballsport sehen Bisanz und Vieth (2000) das Festhalten an diesen vermeintlich patriarchalischen Lehren einen Grund für die technische Unterlegenheit deutscher Sportler in diesem Bereich.

Abweichend von der traditionellen Trainingslehre rückt das „Differenzielle Lehren und Lernen im Sport" (Schöllhorn et al., 2009, S.36) von Schöllhorn (1999) als alternativer Lernansatz in den Fokus. Im Rahmen einer Primäranalyse dies zu

---

[1] Anmerkung: Zur Vereinfachung der Lesbarkeit wird in dieser Arbeit weitestgehend auf feminine Substantive verzichtet, sofern beide Geschlechter angesprochen werden.

thematisieren, durch eine Sekundäranalyse den theoretischen Rahmen vorzustellen sowie bisherige Forschungsergebnisse zu präsentieren, die diesen Ansatz gegebenenfalls verifizieren oder entkräften, sind die Ziele dieser Arbeit.

Basierend auf dem ersten Werk Schöllhorns (1999), welcher erstmals das differenzielle Lernen und Lehren als theoretische Konsequenz erwähnt, diese auf seine empirische Forschung stützt und in der Praxis unabdingbar sieht, erfolgt zu Beginn und dieser Einführung anschließend eine Darstellung der theoretischen Grundlagen. Zu dieser Publikation findet weitere vielfältigste Literatur Verwendung, um einen empirischen Diskurs zu ermöglichen.

Zu den Modellen der Bewegungssteuerung und des Bewegungslernens werden unterschiedliche Formen des Lehren und Lernens aufgezeigt, welche im aktiven Sport in Vereinen und Freizeitgruppen Anwendung finden. Im Zuge der Vorstellung des differenziellen Lernens (DL) werden bisherige Forschungsergebnisse aufgezeigt, die abseits des Fußballs auch in anderen Sportarten Erkenntnisse brachten.

Zuseiten dieser zu erörternden Themen sollen weitere Fragestellungen behandelt werden, um einen Einblick in dieses alternative sportliche Lernkonzept zu erhalten:

- Inwiefern lässt sich das Konzept des differenziellen Lernens im Sportunterricht anwenden?

- In welchem Umfang wird dieser Lernansatz wissenschaftlich kritisiert?

- Lassen bisherige und die erfolgte Feldforschung Verallgemeinerungen auf die Wirksamkeit des Trainingsansatzes zu?

Der bisherigen Empirie anknüpfend folgt ein weiterer zentraler Teil dieser Arbeit. Untersuchungsgegenstand ist die Verbesserung der Passspieltechnik im Fußball. Hierzu wird in einem mehrwöchigen Feldversuch eine Gruppe von 16 Probanden differenziert nach traditionellen Lern- und Lehrformen und den Charakteristika des differenziellen Lernens trainiert. Mit Hilfe eines Post- und Pretest werden die Ergebnisse vor und nach diesem Trainingszyklus verglichen und erläutert. Diese Erläuterung der Untersuchungsmethodik und Auswertung der Ergebnisse stellen neben dem Aufzeigen des empirischen Diskurses einen Kern dieser Arbeit dar.

Abschließend folgen eine Zusammenfassung der Arbeit und eine Auswertung der Hypothesen, welche wie folgt lauten:

<u>Hypothesen:</u>

These 1:

Das differenzielle Lernen stellt als Trainingsansatz eine effektive Alternative zu den bisherigen klassischen Trainingsmethoden im Techniktraining dar, da es innerhalb eines festgelegten Zeitraums bei den Probanden zu einer substantiellen Verbesserung der Passtechnik führt.

These 2:

Probanden, welche differenziell trainiert werden, erlangen im Untersuchungszeitraum einen höheren Leistungsanstieg als die Probanden, welche mittels klassischer Trainingsmethoden trainieren.

Bezieht sich die erste These noch auf die zentrale Forschungsfrage, geht These 2 tiefer in ein einzelnes Detail und behandelt Aspekte, die mit dem Arbeitsthema in Verbindung gebracht werden müssen.

Die Relevanz dieser Forschungsfrage ergibt sich aus der Tatsache, dass im wissenschaftlichen Diskurs alternative und somit qualitativ hochwertige Trainingsmethoden gesucht und gefragt sind, die immer mehr die Individualität eines Sportlers berücksichtigen sollen (Emrich & Pitsch, 1998; Schöllhorn, 1999). Diese Arbeit kann, mit Berücksichtigung ihres Umfangs an sich und dem der Probandengruppe einen Beitrag dazu leisten und bestehende Studienergebnisse partiell erweitern.

2. Theoretische Grundlagen

Die theoretischen Grundlagen bestehen im Vornherein aus der Darstellung der wichtigsten Auszüge bezüglich der Bewegungssteuerung und Bewegungskontrolle sowie des Bewegungslernens, um das Prinzip des DL zu verstehen. Birklbauer (2006) betont, dass beide Teilbereiche unabdingbar miteinander verknüpft behandelt werden müssen, da sie sich gegenseitig bedingen.

Hierbei wird der Fokus jeweils auf die systemdynamischen Modelle und Theorien gelegt, da sich das DL aus den entsprechenden Annahmen ableitet.

Größtenteils findet hier das Werk Birklbauers (ebd.) aufgrund der thematischen Dichte und des detailliert-strukturierten Inhalts Anwendung und wird durch unterschiedliche Publikationen ergänzt.

Alternierend werden die darauf aufbauenden traditionellen Lehr-Lernformen betrachtet. Diesen Erläuterungen folgend wird im Detail auf den wissenschaftlichen Hauptgegenstand der Arbeit, das DL, eingegangen und die Wirksamkeit auf Basis von Studien aufgezeigt, die sich auch auf den Einsatz im Sportunterricht beziehen. Des Weiteren werden Vorteile bei der Anwendung im Schulsport, aber auch Kritik am Modell des DL aufgezeigt.

2.1 Bewegungssteuerung und Bewegungskontrolle

Neben dem systemdynamischen Modell, welches beginnend erläutert wird, behandelt dieser Abschnitt die weiteren wichtigsten theoretischen Modelle der Bewegungssteuerung und Bewegungskontrolle vor, die zusammenfassend in ihren Grundzügen angesprochen werden.

2.1.1 Das systemdynamische Modell

Das systemdynamische Modell wird auch als ökologische Theorie oder Aktionstheorie benannt und beschreibt

> „einen integrativen Ansatz, der menschliche Bewegungsrealisationen ganzheitlich als aktive, zielgerichtete Auseinandersetzung mit den unmittelbaren Umweltanforderungen und den zahlreichen, auf das Individuum einwirkenden emotionalen, individuellen sowie sozialen Faktoren betrachtet" (Birklbauer, 2006, S. 116).

Loosch (1999, S. 98) sieht in der menschlichen Bewegung ein komplexes zu untersuchendes System, „welches sich weitab von Gleichgewichtszuständen bewegt". Für die Steuerung und Kontrolle einer Bewegung in solch einem System wird nach dem systemdynamischen Modell angenommen, dass sie durch die vom entsprechenden Körperelement und der Umwelt eingegangene Wechselbeziehung entstehen. Im Vergleich zum Informationsverarbeitungsansatz liegt hierbei ein selbstorganisiertes System mit heterarchischer Struktur vor, in welchem Mechanismen und Gesetzmäßigkeiten nicht in einem Über- oder Unterordnungsverhältnis, sondern gleichberechtigt wirken (Birklbauer, 2006.). Es liegt das Prinzip der Generalität vor, welches „Phänomene aus ganz unterschiedlichen Bereichen beschreiben und erklären zu können" (ebd., S. 117).

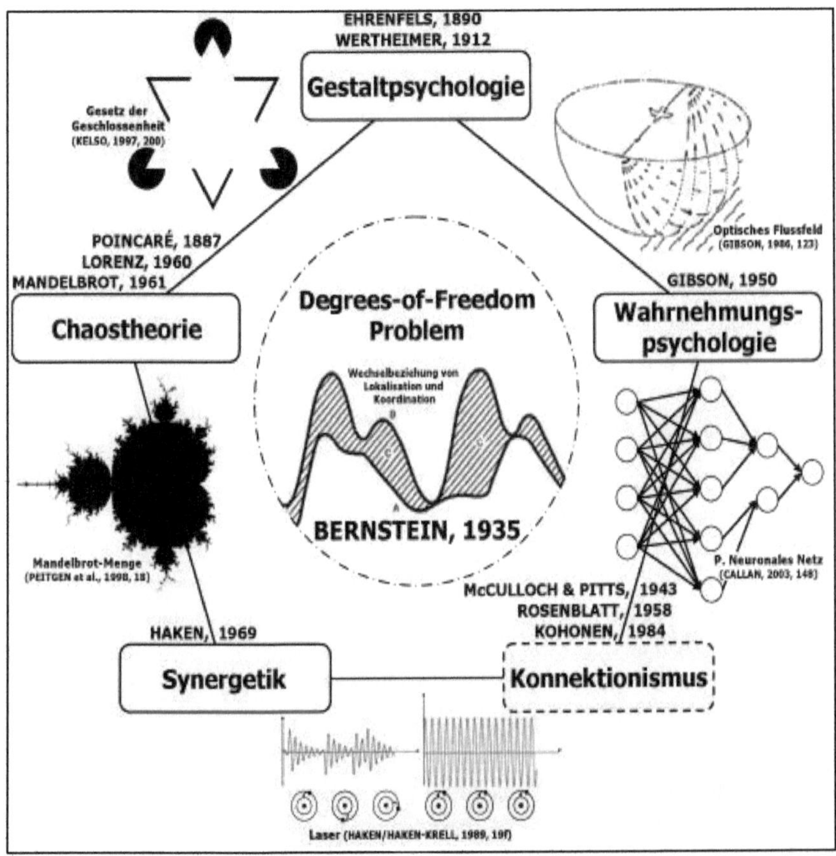

Abb. 1: Übersichtsschema der Mutterwissenschaften (-disziplinen) systemdynamischer Motorikmodelle (Quelle: Birklbauer, 2006, S. 122)

Vielerlei Forschungsansätze in der Systemdynamik versuchen grundsätzlich summierend Selbstorganisationsprozesse bei einer menschlichen Bewegung als komplexes System zu beobachten und zu erklären. Doch diese lassen sich perspektivisch und inhaltlich oftmals kaum und wenn dann in Bezug auf ihre Methodik trennen (ebd.).

Eine Zuordnung zu den „Mutterwissenschaften" (ebd., S. 119) zeigt Abbildung 1. Die Popularität hinsichtlich der Berücksichtigung des systemdynamischen Ansatzes in der sportmotorischen Forschung hat seinen Ursprung in den wissenschaftlichen Arbeiten zur Selbstorganisation und Selbststabilisierung zyklischer Bewegungen aus den 1980er Jahren, in denen die ständigen Abweichungen und die allgemeine Variabilität einer Bewegungsausführung als essentielle Voraussetzung für ein anpassungs- und lernfähiges System angesehen werden. Diese Relevanz verstärkte sich mit dem Beginn der 1990er Jahre (Schöllhorn, 1999; 2004). Begrifflich jedoch findet sich der Ausdruck „system dynamics" (Schöllhorn, Eekhoff & Hegen, 2015, S. 127) als Weiterentwicklung der Kybernetik und Systemtheorie nach Bertalanffy (1969) bereits in den 1950er Jahren wieder. Diese beziehen sich bei weitem auf die allgemeine Systemdynamik (Schöllhorn et al., 2015).

Neben dem von Birklbauer (2006) genannten bewegungsphysiologischen Ansatz Bernsteins (1975), der das Problem der Freiheitsgrade auffasst, dem „Ecological Approach" (Birklbauer, 2006, S. 164) und der Chaostheorie, steht exemplarisch für die Systemdynamik in der Bewegungswissenschaft im deutschsprachigen Raum das Experiment von Haken, Kelso und Bunz (1985) sowie weiterführend Schöner und Kelso (1988) für das Beispiel zyklischer Bewegungen im Vordergrund. Es wird in den Bereich der Synergetik eingruppiert, welche die „umfassendste Theorie der Selbstorganisation" (Birklbauer, 2006, S. 237) darstellt. In diesem Forschungsbeitrag wurde eine rhythmische Fingerbewegung sukzessive beschleunigt, wobei ab einer bestimmten Frequenz ein Wechsel des Bewegungsmusters eintrat (Schöllhorn, 1999). Bei welcher Höhe der Frequenz ein Wechsel des Bewegungsmusters eintritt, ist von Person zu Person unterschiedlich. Darüber hinaus ist erst durch eine Verringerung der Frequenz eine Rückkehr in das erste Bewegungsmuster möglich (ebd.).

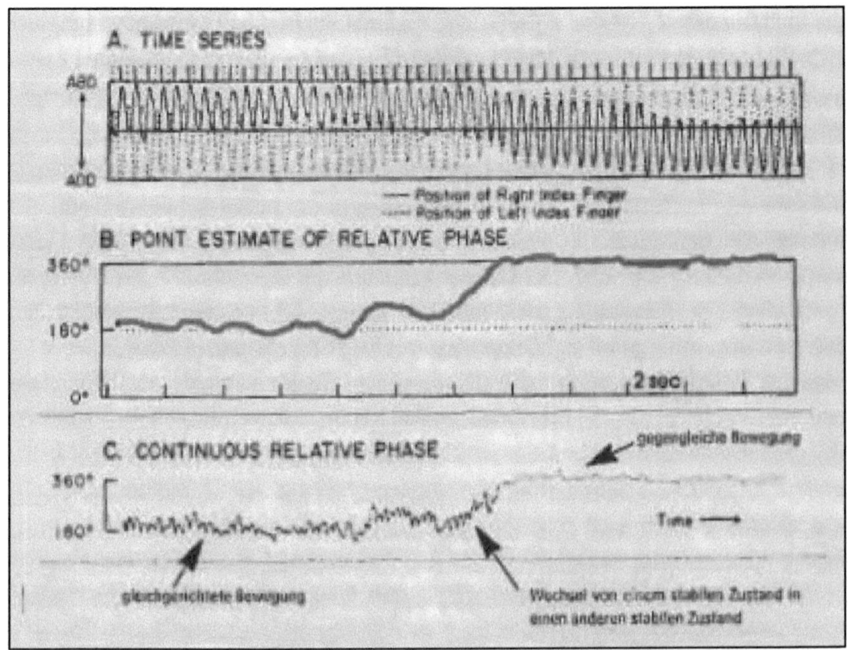

Abb. 2: Fingerbewegungen (oben) gemittelte relative Phase (Mitte) und exakt bestimmte relative Phase der Fingerbewegungen (unten). (Quelle: Schöllhorn, 1999, S.7 zit. nach Haken, Kelso & Bunz, 1985)

Betrachtet man anhand der Abbildung 2 die aus-geführten Fingerbewegungen detaillierter, sind Abweichungen bei der Bewegungsausführung sicht-bar (ebd.). Deutlich wird anhand der Erkenntnisse, dass Zustände durch die unterschiedlichen Umfänge der Schwankungen hierarchisch geordnet sind und der ablaufende Prozess zudem eine Irreversibilität aufweist (Schöllhorn et al., 2015). Diese auch als „Intermittenzen" (Schöllhorn, 2004, S. 128) oder in den Studien der Bewegungswissenschaft als „Rauschen" (Schöllhorn, 2010, S. 13) bezeichneten, von der Ideal-Bewegung zu beobachtenden Differenzen, nehmen zu und konstruieren einen Bereich der Instabilität, sofern ein System von einem stabilen Zustand in einen anderen übergeht. Diesem Teil eines zeitlichen Systemverlaufs schließt sich ein weiterer an, in dem Schwankungen existieren, die wenn überhaupt nur minderer Kontrolle bedürfen. Beim Auftreten dieser Abweichungen in einem biologischen System „können diese „Fehler" als eine Notwendigkeit für natürliche Adaptionsprozesse angesehen werden" (Schöllhorn, 1999, S. 7 nach Ashby, 1956). Hierbei wird die eindeutige Abgrenzung zum statischen Systemansatz deutlich, da der systemdynamische Ansatz nicht allein die Zustände an sich, die sich in einem System mit Gleichgewicht anfinden, sondern unter zeitlichen Gesichtspunkten die Reorganisation des Systems und die Übergangsphase dieser untersucht (Schöllhorn, 1999; Birklbauer, 2006).

Wiederum Schöllhorn (1999) leitet aus diesen Erkenntnissen für das Techniktraining ab, dass zum einen unterhalb der kritischen Bewegungsgeschwindigkeit trainiert werden muss, wenn das Erlernen einer grundlegend neuen Bewegung angestrebt wird. Soll zum anderen eine neue stabile Bewegungstechnik erlernt werden, muss hierzu die Instabilität der alten Bewegung ausgelöst werden, in dem die Schwankungen unmittelbar hochgradig erhöht. Ein Trainingsprozess unter systemdynamischen Prinzipien bedeutet demnach ein „randomisiertes Trainieren neuronaler Netze" [...] d.h. „ein konfrontieren mit verrauschten Signalen" (Schöllhorn, 2010, S. 8f).

Sind diese vorhergehenden Erläuterungen auf zyklische Bewegungen zu beziehen, so betont Schöllhorn (1994; 1999), dass durch Forschungen,

> „von dem speziellen Beschreibungsparameter der relativen Phase für zyklische Bewegungen auf den allgemeineren Parameter der Verlaufsähnlichkeit für ballistische Bewegungen übergegangen" (Schöllhorn, 1999, S. 7f)

werden kann. Mit Hilfe dieses Parameters lassen sich komplexe Bewegungsabläufe in unterschiedlichen Bewegungsklassen näher betrachten und können in ihrer quantitativ erfasst werden. Diesbezüglich durchgeführte Forschungen in mehreren Disziplinen der Leichtathletik ergaben, dass immerwährende Variationen in der Bewegungsausführung, auch bei sehr erfahrenen und leistungsorientierten Athleten vorkommen (ebd.). Auf trainingsbezogene Konsequenzen wird im Abschnitt zum DL näher eingegangen.

2.1.2 Weitere Modelle der Bewegungssteuerung und Bewegungskontrolle

Neben dem systemdynamischen Modell der Bewegungssteuerung und Bewegungskontrolle ist das Prinzip des informationstheoretischen Ansatzes bekannt und im wissenschaftlichen Diskurs stark verbreitet.

Nach Wastl (o.J.a) ist es für diesen Ansatz der Bewegungssteuerung nötig, zunächst die Wahrnehmung von Informationen zu erklären, die auf den optischen, akustischen, vestibulären, kinästhetischen und bzw. oder taktilen Sinnessystemen beruht. Die Sinneseindrücke können sich zudem in ihrer Komplexität unterscheiden.

Die sensorische Anpassung des Individuums erfolgt auf unterschiedlichen Grundvorgängen. Wastl (ebd., S.1) führt diese wie folgt aus:

- „Veränderung der absoluten Wahrnehmungsschwellen in den verschiedenen Sinnessystemen
- Verbesserung der Reizdifferenzierung
- Umschaltprozesse vom „äußeren" auf den „inneren" Regelkreis
- Veränderungen komplexer Wahrnehmungsmodalitäten, des komplexen Bewegungsgefühls"

Die Bewegungskontrolle unterstützend können Servomechanismen wirken „die das Erreichen des mit dem motorischen Programm angestrebten Bewegungsresultats sicherstellen (Birklbauer, 2006, S. 35). Diese sind bspw. die Feedforwardkontrolle und die Efferenzkopie (Birklbauer, 2006).

Im Informationsverarbeitungsansatz wird in kybernetisch orientierte Modelle, d.h. der „closed-loop"-Steuerung (ebd., S. 40) von Bewegungen und in programmorientierte Modelle, der „open-loop"-Theorie (ebd., S. 45) differenziert (Birklbauer, 2006; Wastl, o.J.a). Das Closed-loop-Modell folgt dem peripheralistischen Ansatz, welcher dadurch gekennzeichnet ist, dass die Kontrolle des Systems durch Feedback-Mechanismen gesichert ist (Wastl, o.J.a). Die Fehlererkennung erfolgt durch den Vergleich der gemessenen sensorischen Information im Moment des Bewegungsablaufs mit dem gespeicherten Sollwert (Bund, 2002). Sollte bei der immerwährenden Kontrolle des Bewegungsablaufes ein Missverhältnis zwischen dem Soll- und Ist-Wert vorliegen, so wird der Bewegungsablauf in Kongruenz gebracht (Wastl, o.J.a).

Die Open-loop-Theorie unterliegt dagegen dem zentralistischen Ansatz, bei dem motorische Programme „ein zentralnerval gespeichertes Endgramm (Erinnerungsbild)" (ebd., S. 2) darstellen, die ein feedbackloses Steuern der Bewegung garantieren.

Weiterführend bildet sich aus dem Open-Loop-Modell die motorische Programmtheorie, welche Erklärungsansätze für die Steuerung und Kontrolle komplexer Bewegungen bietet (Birklbauer, 2006). „Die Auswirkung der Bewegung auf die Umwelt bleibt unberücksichtigt" (ebd., S. 45). Es wird hierbei ermöglicht, unveränderliche Anweisungen zur Bewegung jederzeit an die entsprechende Handlungsebene zu senden. „Die theoretische Annahme impliziert, dass beobachtbares Verhalten in Form eines prozeduralen Kodes wie in einem Computerprogramm abgelegt und jederzeit abrufbar ist" (ebd., S. 46). Motorische Programme werden vor allem bei der Ausführung kurzer und schneller Bewegungen beansprucht (Loosch, 1999). In Abbildung 3 werden beide Ansätze vergleichend dargestellt.

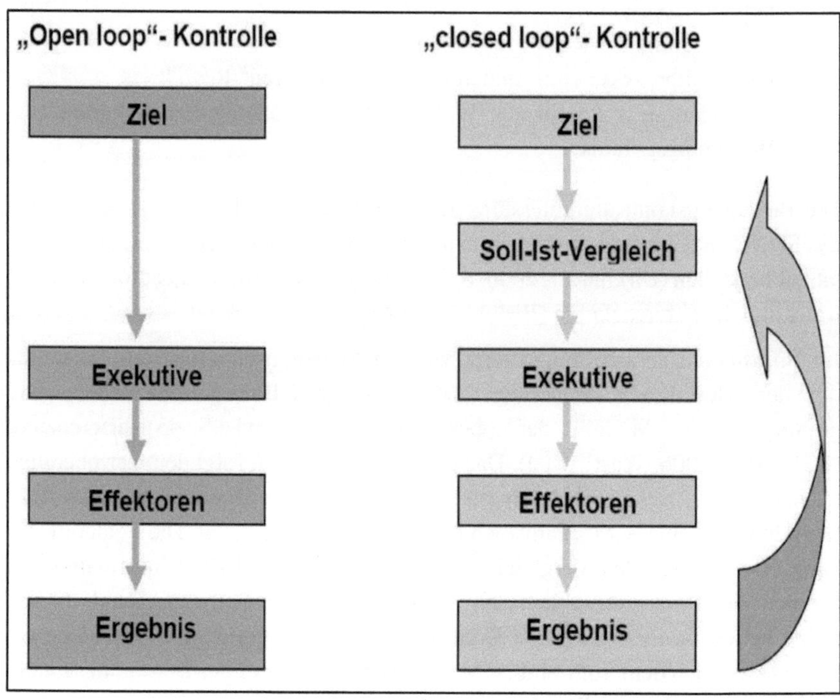

Abb. 3: Das Open- und Closed-loop-Modell als Möglichkeiten der Informationsverarbeitung (Quelle: Wastl, o.J.a, S. 1, in Anlehnung an Oliver & Rockmann, 2003, S. 124)

Heuer und Konczak (2003) nennen in Zusammenhang mit der Bewegungssteuerung das Problem der motorischen Transformationsinvertierung, welches gerade im Bereich des Sports zu klären gilt. Ferner werden weitere Probleme bei den kybernetischen und programmorientierten Modellen festgestellt. So schildert Wastl (o.J.a), dass die Closed-loop-Theorie ein mögliches Ablaufen von Bewegungssequenzen ohne Unterstützung von Feedbackmechanismen und die Variabilität einer Reaktion, die bei einer veränderten Situation eintritt, nicht berücksichtigt werden. Bei den motorischen Programmen bestünde dagegen ein Speicher- und Neuigkeitsproblem. Demnach erscheint fragwürdig, ob die Speicherkapazität im Langzeitgedächtnis ausreiche, wenn für jede einzelne Bewegung ein entsprechendes Programm abspeichert werden muss. Zudem weisen motorische Programme nicht nach, wie neue Bewegungen entstehen (Birklbauer, 2006).

Aus dieser Kritik entstehen zweierlei Folgen (Wastl, o.J.a), die als „Hybride Modelle der Bewegungskontrolle" (ebd., S. 3) bezeichnet werden. Zum einen ist dies die Theorie der generalisierten motorischen Programme (GMP-Theorie) nach Schmidt (1975; 1988). Birklbauer (2006, S. 62) separiert sie auf „Grund der Weiterentwicklung anfänglicher Open-Loop-Systeme und der alternativen Vorstellung motorischer Programminhalte" von den programmorientierten Modellen, obwohl sie inhaltliche Parallelen aufweisen. Die GMP-Theorie charakterisiert sich durch die Annahme, dass motorische Bewegung und motorisches Lernen eines Individuums durch die Verarbeitung, Speicherung und den Abruf von generalisierten motorischen Programmen (GMP) entstehen (Humpert & Schöllhorn, 2006). Dies gilt an dieser Stelle jedoch für eine Klasse von Bewegungen (Birklbauer, 2006). Parameter, die für eine Bewegungsausführung nötig sind, werden vor der Ausführung selbiger exakt berechnet (Schöllhorn, 1998). Das Eingeben der Parameter kann den Bewegungsoutput verändern, was dazu führt, dass nicht für jede einzelne Bewegung ein Programm konstruiert und abgespeichert werden muss. Diese Charakteristika lösen sowohl das angesprochene Speicher- als auch das Neuigkeitsproblem (Birklbauer, 2006).

Die zweite Folgerung der Kritik ist das Entstehen des „Motorischen Regelkreismodells" (Wastl, o.J.a, S. 3) nach Meinel und Schnabel (1998), welches in Abbildung 4 auf der folgenden Seite visualisiert wird.

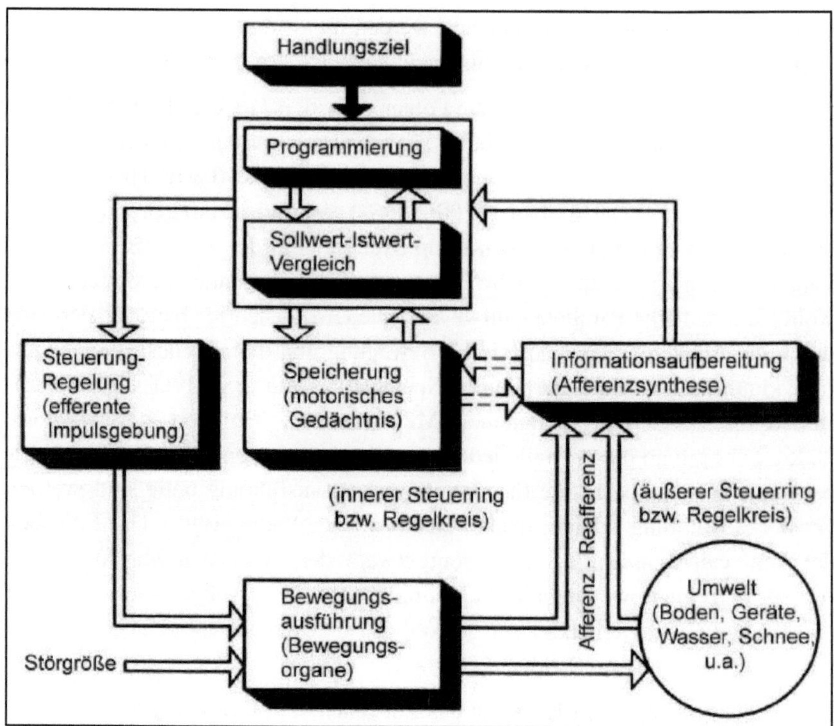

Abb. 4: Modell der Bewegungssteuerung nach Meinel & Schnabel (Quelle: Wastl, o.J.a, S. 3 nach Meinel & Schnabel, 1998, S.42 bzw. Schnabel, 1987, S. 59)

Dieses Modell gilt für die Bewegungshandlung und Bewegungskoordination, wobei die Handlung die oberste Kontrollinstanz und die Bewegungsausführung die zu regelnde Größe darstellen. Der im Zentrum des Modells befindliche Soll-Ist-Wert-Vergleich reguliert alle weiterfolgenden Systemaktivitäten sowie die Anpassung der jeweiligen Handlungsziele. Der innere und äußere Regelkreis umfassen die Telerezeptoren und die am bzw. im Körper liegenden Sinnesorgane, die Einfluss auf die Bewegung haben (Loosch, 1999).

Zu den weiteren Modellen der Bewegungssteuerung und Bewegungskontrolle gehören die Optimierungsmodelle und Effektivitätsprinzipien sowie die Frequenzkodierungsmodelle (Birklbauer, 2006).

Im erstgenannten Ansatz „stehen […] *Engineering Approach* Kenntnisse und Anwendung physikalischer Prinzipien im Vordergrund" (ebd., S. 102). Er basiert auf der Annahme Bernsteins (1975), dass die Körperbewegung durch die Minimierung der Freiheitsgrade und Nutzung der ausschließlich relevanten Muskeln realisiert, koordiniert und optimiert wird (ebd.). Birklbauer (ebd.) fügt an, dass bei den Optimierungsmodellen die Minimierung des Aufwandes zu der Auswahl einer Trajektorie führt, die eine Bewegung von der Ausgangs- hinzu einer Endposition auslöst. Hierzu beschreibt Latash (1993) Aufwandsfunktionen wie bspw. Bewegungszeit, Energie oder Ruck.

Auf der Grundlage von Bernsteins Erkenntnissen bezüglich der Annahme von Bewegungsabläufen „als Summen harmonischer Oszillationen" (Birklbauer, 2006, S. 108) beschreiben Frequenzkodierungsmodelle eine ganzheitliche und nicht-elementgebundene Auffassung. Inhaltich weiterführend sei an dieser Stelle auf Voigt (1991) sowie Müller (1991) verwiesen, die den Ansatz inhaltlich genauer aufarbeiten und bewerten. Eine wissenschaftliche Bestätigung des Modellansatzes wird als schwierig eingeschätzt (Stadler, Vogt & Kruse, 1996), zumal nach Müller (1991) die Empirie keine überdurchschnittliche Beachtung des Ansatzes begründet.

2.2. Modelle des Bewegungslernens

Analog zum vorherigen Abschnitt werden zunächst die für die Arbeit erkenntnisbringende systemdynamische Lerntheorie und anschließend weitere Theorien des motorischen Lernens vorgestellt.

Die Speicherung von Informationen, wobei der menschliche Organismus die von der Umwelt ausgehenden Reize selektiert bzw. selektiv verarbeitet, ist die Voraussetzung für eine bewusste und planmäßige Bewegungsausführung (Birklbauer, 2006). Hierbei wird mit dem Einprägen, Behalten und Abrufen in dreierlei Hauptfunktionen des Gedächtnisses unterschieden (Loosch, 1999). Schmidt (1988) beschreibt das Gedächtnis als Fähigkeit der Bewegungsausführung und nicht als lokalen Ort. „In Abhängigkeit von der Orientierung motorischen Lernens kann dies ein motorisches Programm, ein Korrekturreferenzsystem oder ein während des Übens erworbenes Schema sein" (Birklbauer, 2006, S. 490f).

Loosch (1999) differenziert in mehrere Gedächtnisarten, wobei Birklbauer (2006) dem prozeduralen Gedächtnis für den Sportbereich eine übergeordnete und vermehrte Bedeutung zuweist, da es u.a. für motorische Abläufe und Handlungsstrategien zuständig ist. Im Rahmen der Mehrspeichertheorien lässt sich das Gedächtnis in mehrere Instanzen unterscheiden, welche verschiedene Merkmale aufweisen. Auch hier sind die Gedächtnisinstanzen für die Motorik von hierarchischer

Wichtigkeit. So besitzt das Kurzzeitgedächtnis „eine Schlüsselstellung für Prozesse der Bewegungssteuerung" (ebd., S. 137). Das Langzeitgedächtnis speichert dagegen automatisierte Fertigkeiten und Fähigkeiten (Birklbauer, 2006).

Eine weitere Voraussetzung für motorisches Lernen ist Feedback (Schmidt, 1988). Hierzu wird zwischen dem *Knowledge of Result* (KR) und *Knowledge of Performance* (KP) aufgegliedert. Die Rückmeldung des Lehrenden „über das Ergebnis der Bewegung im Verhältnis zum Ziel in der Umwelt, das nach der Bewegung zur Verfügung steht" (Birklbauer, 2006, S. 487) definiert sich als KR. Untersuchungen zeigten, dass der Einsatz hinzu eines relativen KR zu einem steigenden Lernerfolg führt, da vergangene Lernerfahrungen in der Erwerbsphase rekapituliert werden. Das KR sollte im Lern- und Übungsprozess sukzessive abnehmen (Schmidt, 1988). KP ist das Feedback über den erreichten Bewegungsverlauf. Neben der Aufführung verschiedener Formen des KP empfiehlt Schmidt (ebd.) beim oftmals bevorzugten Videofeedback nur vereinzelte Szenen stückweise auszuwerten, da der bei längeren Passagen entstehende Informations- und Reizüberfluss einen nur minimalen Lerneffekt auslöst.

Das motorische Lernen bezeichnet Rieder (1991, S. 31) als

> „die Aneignung – die Entwicklung, Anpassung und Vervollkommnung
> – von Verhaltensweisen und –formen, speziell von Handlungen und
> Fertigkeiten, deren Hauptinhalt die motorische Leistung ist"

und knüpft hier bezogen auf dem in den Fokus gesetzten Prozess des Fertigkeitserwerbs von Kelso (1997) an (Birklbauer, 2006). Dagegen stellt Schmidt (1988) den Faktor Zeit in den Vordergrund, womit das motorische Lernen eine andauernde Veränderung umfasst. In den Mittelpunkt der Ausführungen kann auch das Individuum gesetzt werden, das Kenntnisse über das Ideal besitzt. Hierbei unterscheidet Schöllhorn (2003) in fremdgesteuertes und selbstorganisierendes motorisches Lernen. Das fremdgesteuerte Lernen zeichnet sich dadurch aus, dass ein externer Lehrender Know-how besitzt und die Handlungen des Lernenden zum Ideal mittels Feedback führt, wogegen beim selbstorganisierenden Lernen der Lernende aus seinen eigenen Fähigkeiten und Fertigkeiten Ordnungszustände und Strukturen in seinen Bewegungsabläufen schafft (Schöllhorn, 2003; Birklbauer, 2006). Auch eine Aufteilung des motorischen Lernprozess nach physiologischen und psychomotorischen Kriterien, wie ihn Loosch (1999) vornimmt, ist möglich. Differenziert wird an dieser Stelle in das Lernen im Bereich der Sensorik, das Lernen im Bereich zentralnervaler Informationsverarbeitung und das Lernen im Bereich der Koordination (Loosch, 1999; Birklbauer, 2006).

Birklbauer (2006, S. 326) stellt in diesem Zusammenhang fest, dass „das Gesamtfeld motorischen Lernens [...] in seiner Diversifikation an vorliegenden Modellen und Theorien kaum mehr überschaubar" ist. Derweil ist der Umfang mit unterschiedlichsten wissenschaftlichen Ausgangspositionen zu begründen (Daugs & Blischke, 1984), die erneut vielfältigste einzelne Theorien und Ansätze bildeten, was wiederum für eine einheitlichen empirischen Diskurs kontraproduktiv ist.

An der Differenzierung nach Loosch (1999) orientierten sich die folgenden Ausführungen bezüglich der vorgestellten Modellansätze und Theorien, denen auch Birklbauer (2006) folgt.

2.2.1. Der systemdynamische Lernansatz

Der systemdynamische Ansatz baut nicht nur begrifflich, sondern auch inhaltlich auf dem systemdynamischen Modell der Bewegungssteuerung und Bewegungskontrolle auf (Birklbauer, 2006). Im Sinne der Lerntheorie verlaufen Lernprozesse selbstorganisierend, wobei eine intrinsische Systemdynamik das Bewegungslernen und die Kontrolle der Bewegung determiniert (Wiemeyer, 2003). Intrinsisches Verhalten eines Systems, in diesem Zusammenhang als „Intrinsic Dynamics" (Birklbauer, 2003, S. 383) tituliert, liegt vor, wenn keine Parameter wie Umwelt oder die Aufgabenstellung auf ein ständig wiederhol- und beobachtbares Verhaltensmuster einwirken (Birklbauer, 2003). Entsprechend äußern sich Zanone und Kelso (1992, S. 566) wie folgt: „Intrinsic dynamics define the stable behaviors that the system adopts spontaneously independent of specific environmental constraints".

Wird der Lernende vor eine Bewegungsaufgabe gestellt, so sind nach Ansicht der Vertreter dieses Lernansatzes jene Anweisungen förderlich, die den Such- und Entdeckungsprozess hinzu einer Bewegungslösung unterstützen. Selbiges gilt für Lernhilfen die die sensorische Informationsaufnahme begünstigen. Dagegen sind Unterweisungen für eine Vorgabe der Bewegungslösung kontraproduktiv und nicht zielführend (Wiemeyer, 2003; Schöllhorn, Hegen & Eekhoff, 2014). Weiterhin ist ein ganzheitliches Vorgehen und variables Üben

> „z.B. durch Variation von Aufgaben- oder Situationsbedingungen, um [...] Erfahrungen in möglichst großen Bereichen des Wahrnehmungs-Bewegungs-Raums zu machen und [...] alte Koordinationsmuster zu destabilisieren" (Wiemeyer, S. 418).

Das DL von Schöllhorn (1999) stellt eine „erste methodisch-didaktische Konsequenz" (Birklbauer, 2006, S. 383) dieses Lernansatzes dar und wird in einem späteren Kapitel näher beschrieben (Vgl. Kap. 2.3.2).

2.2.2. Weitere Modelle des motorischen Lernens.

Weiterhin finden sich unterschiedliche theoretische Ansätze, die den motorischen Lernprozess zu beschreiben versuchen.

Die Stufentheorien gehen von einem phasenförmigen Lernverlauf aus, indem der Lernende einen Zustand „vom Anfangslernen bis zum meisterhaften Können" (Rieder, 1991, S. 21) erreicht. Aus dieser Annahme bilden sich trainingsmethodische und didaktische Entscheidungen (Birklbauer, 2006). Pöhlmann (1986) unterscheidet mit der Erwärmungs- und Aneignungsphase, der Plateaubildung und der Perfektionierungsphase in mehrere Lernabschnittsphasen. Unterteilt wird bei den Stufentheorien in Zwei-Stufen- sowie Drei-Stufen und Mehrstufenmodelle (Birklbauer, 2006). Diesbezüglich stammt das wohl bekannteste und meist verbreitete Modell, bezogen auf die Bewegungslehre, von Meinel und Schnabel (1998; Loosch, 1999).

Meinel und Schnabel (1998) differenzieren in ihren Ausführungen den Aufbau des motorischen Lernprozesses in die:

- erste Lernphase (Entwicklung der Grobkoordination),
- zweite Lernphase (Entwicklung der Feinkoordination) sowie die
- dritte Lernphase (Stabilisierung der Feinkoordination und Entwicklung der variablen Verfügbarkeit (Birklbauer, 2006).

Zu betonen ist, dass diese Grundstruktur sportartenübergreifend Gültigkeit besitzt und den Grundbaustein für eine methodische Gestaltung des Bewegungslernens bietet. Darüber hinaus besitzen die Phasen fließende Übergänge und sind nicht konsequent voneinander abzugrenzen (ebd.). An dieser Stelle findet sich auch ein Kritikpunkt, da die Phasenübergänge oftmals zu unklar seien, zumal sich die Übungen als methodische Konsequenz schwer zuordnen lassen (Loosch, 1999).

Weitere derartig ähnlich aufgebaute Modelle sind bspw. das Zwei-Stufen-Modell von Pöhlmann (1986) bzw. Lehnertz (1991) oder auch das fünfstufige Lernmodell nach Letzelter (1979), welches beispielhaft für ein Mehrstufenmodell genannt sei.

Generelle Kritik an den Stufentheorien wird ferner dahingehend geäußert, dass eine zu geringe empirische Basis vorliegt und die einzelnen Stufen häufig willkürlich und frei gesetzt werden (Birklbauer, 2006).

Die Veränderlichkeit der Bewegung nach ihrem Auslösen beim Lernenden beschreibt Adams (1976) in seiner Theorie des motorischen Lernens, welches sich inhaltlich nah an der Closed-Loop-Theorie orientiert. In Folge dieser Annahme sind der Umfang und die Richtung der Bewegung mit Hilfe zweier Gedächtnisinstanzen, welche die Kontrolle und Steuerung der einzelnen Bereiche übernehmen, veränderbar. Verantwortlich hierfür sind die Wahrnehmungsspur (Perceptual Trace) und die Gedächtnisspur (Memory Trace) (Adams, 1976; Birklbauer 2006). In Folge ersterem wird ein Referenzsystem erworben, welches Voraussetzung für das Bewegungslernen ist und am Lernbeginn die Bewegungssteuerung unterstützt. Weiterführend werden Informationen zurückliegender Bewegungsausführungen gespeichert.

Die Gedächtnisspur sorgt dafür, dass die Bewegung grundsätzlich gestartet wird (Hossner & Künzell, 2003).

> „Die unmittelbare motorische Kontrolle soll jedoch stets auf dem Vergleich der aktuell rückgemeldeten Istwerte mit dem Sollwerten der im Laufe des Lernprozesses an Stärke zunehmenden perzeptiven Spur basieren" (ebd., S. 136).

Kritik findet sich auf der Grundlage von Experimenten, die nachwiesen, dass eine Bewegungsausführung auch ohne Mithilfe von sensorischen Feedbacks möglich ist. Zusätzlich umfasst die Theorie Adams keine Alltagsbewegungen, sondern lediglich „langsame, lineare Positionierungsaufgaben" (Birklbauer, 2006, S. 351).

In einem vorherigen Abschnitt wurde die GMP-Theorie in ihren Grundzügen als Folgerung der Kritik an den Closed- und Open-Loop-Modellen vorgestellt (Vgl. Kap. 2.1.2). Die Schematheorie von Schmidt (1975) ist dieser Theorie zuzuordnen, erweitert das motorische Lernmodell von Adams (Hossner & Künzell, 2003; Birklbauer, 2006) und definiert sich anhand der Feststellung, „dass das motorische Programm in Form eines Schemas im ZNS vorliegt" (Loosch, 1999, S. 294).

Hierbei liegt eine abstrakte, schematische Form von Einzelerfahrungen als Speicherung vor. Mit Hilfe der nach der Bewegungsausführung gesammelten Informationen werden ein Recall- und ein Recognitionschema entwickelt. Ist ersteres für die Bildung der Bewegung zuständig, so ist das Recognitionschema für die Bewegungsauswertung verantwortlich. An dieser Stelle finden sich Parallelen zu der Theorie von Adams (Birklbauer, 2006).

Aus den Charakteristika des Modells empfiehlt es sich im Trainings- bzw. Lernprozess variable Übungsbedingungen herzustellen (Loosch, 1999). Damit solle der Einfluss auf die Selbstorganisation der Koordination vergrößert werden (Meine & Schnabel, 2007). Bezieht man das dreistufige Modell von Meinel und Schnabel hinzu, sollte dies nach der ersten Lernphase erfolgen (Hossner & Künzell, 2003).

Wie schon die anderen Modellansätze zum Bewegungslernen unterzieht sich auch die Schematheorie von Schmidt ausführlicher Kritik, wobei Schmidt selbst auf die begrenzte Erklärbarkeit seiner Theorie aufmerksam macht (Birklbauer, 2006). Der eklatanteste Kritikpunkt ist die fehlende Erklärung, wie ein Programm entwickelt wird. Forschungsergebnisse zeigen zudem, dass die Schematheorie weder das Speicher- und Neuigkeitsproblem löst, noch konnte der Nachweis erbracht werden, dass „Mechanismen der Bewegungsproduktion und bewusste Fehlereinschätzung" (ebd., S. 365) autark voneinander verlaufen (ebd.).

Abschließend sei auf das hierarchische Modell der Bewegungsautomatisierung hingewiesen. Singer (1985) stellt fest, dass je nach Lernstadium eine Hierarchie im Lernprozess vorliegt und vergleicht diese Tatsache mit Beispielen aus der Computertechnik. In anfänglichen Lernstadien wirken „exekutive Programme zunächst mit höherrangigen Unterprogrammen" (ebd., S. 114), wogegen im späteren Verlauf und entsprechend weiterer Lernstadien selbige Aufgaben an hierarchisch niedriger gestellte Programme weitergeben werden. Somit kommt es zu einer Entlastung des Systems, welches sich nunmehr mit anderweitigen Problemen befassen kann (ebd.). Im ZNS erfolgt nach Schmidt (1988) eine Unterscheidung in höhere Ebenen die zur Entscheidungsfindung beitragen und niedrigere Ebenen die schlussendlich für die Ausführung der Entscheidung verantwortlich sind. Je nach Höhe des Automatisierungsgrades, welche mit der fortgeschrittenen Lernerfahrung korreliert, und hinsichtlich einer Bewegungsausführung nimmt diese eine verminderte Aufmerksamkeit in Anspruch (Birklbauer, 2006).

Dagegen erörtert Keele (1986), dass ein Zusammenfassen von kleinen motorischen Programmen zu größeren Einheiten erfolgt, sofern eine höhere Lernerfahrung zu verzeichnen ist. „Eine Serie von Bewegungen könnte somit als Einheit kontrollierbar sein, d. h., verschiedene Bewegungselemente werden im Laufe des Lernens zu einer finalen Bewegung gruppiert" (Birklbauer, 2006, S. 348 zit. nach Keele, 1986, S. 57).

2.3. Formen des Lehren und Lernens

Im Folgenden werden sowohl die traditionellen Formen des Lehrens und Lernens als auch das DL näher erläutert und differenziert dargestellt. Eine umfangreiche Zusammenfassung der empirischen Untersuchungen und Befunde, welche nicht nur im Sport anzufinden sind, schließt sich diesen definitorischen Grundlagen an und soll die Relevanz dieses Lernansatzes fundieren. Zudem unterzieht sich der Ansatz des DL einer Kritik, welche im Rahmen des wissenschaftlichen Diskurses geführt wurde.

2.3.1. Traditionelle Formen

Die traditionellen Formen des Lehren und Lernens charakterisieren sich allesamt dadurch, dass das Ziel der optimalen und idealen Bewegungsausführung durch ein mehrfaches Wiederholen der gesamten Bewegung sowie einer ständigen Fehlerkorrektur durch den Trainer oder Übungsleiter erreicht werden soll (Nitsch & Neumaier, 1997) und sowohl die Individualität des Lernenden als auch physikalische Kräfte, die die einzelnen Bewegungen beeinflussen, keine Berücksichtigung finden. Die Annahme, es gäbe eine personenübergreifende Zielbewegung, steuert den Trainingsprozess und das lerntheoretische Leitbild (Schöllhorn et al., 2009).

Römer, Schöllhorn, Jaitner und Preiss (2009) geben hinsichtlich der Anwendung klassischer bzw. traditioneller Trainingsansätze im Sportunterricht an, dass ein großer Vorteil für die Lehrkraft in der oftmals fundierten Wirksamkeit der publizierten und somit bereitgestellten Übungen bestünde. Sie gewähren der Lehrkraft Sicherheit. Vergleicht man zudem den notwendigen Planungs- und Durchführungsaufwand des DL mit klassischen Lehr-/Lernmethoden, so fällt dieser bei den traditionellen Formen in der Regel geringer aus (ebd.).

Wastl (o.J.b) differenziert diese Formen in:

- *Einschleifen und Wiederholen*, bei dem unter fortwährender Bewegungskorrektur durch den Trainer oder Lehrer ein ständiges Wiederholen der einen und selben Übung stattfindet, um die Bewegungsvariationen zu minimieren;
- *Methodische Übungsreihen*, bei denen durch das Absolvieren von aufeinander folgenden Übungen mit stetig höherem Schwierigkeitsgrad und der Zielbewegung zunehmend ähnelnd, letztere sukzessive erreicht werden soll;
- *Kontrastlernen*, bei dem „die Lernenden durch sensomotorische Erlebnisse Abweichungen von einer Zielbewegung erfahren, [...] welche durch kognitiv orientierte Instruktionen weniger bewusstseinsfähig waren" (Wastl, o.J.b, S. 1)

- *Schematheorie,* die eine Bewegungsstabilisierung durch die Anwendung von unterschiedlichen und veränderten Parametern bei der Wiederholung von Bewegungsinvarianten als Ziel hat.
- *Kontext-Interferenz-Lernen,* bei welchem innerhalb einer Lehreinheit durch das Absolvieren sehr verschiedener ähnlicher Übungen „störende Einflüsse strukturell ähnlicher Bewegungen" (ebd., S. 1) entstehen.

Zu den Ausführungen Wastls (ebd.) ist zu ergänzen, dass Schöllhorn et al. (2009) bezogen auf das Wiederholen als traditioneller Lernansatz von „Kopierversuchen" (ebd., S. 36) sprechen und wie auch Wastl (o.J.b) anmerken, dass die methodischen Übungsreihen dagegen „die Entfernung zwischen Ausgangs- und Zielbewegung [...] zu überbrücken" (Schöllhorn et al., 2009, S. 36) versuchen. Das Kontrastlernen findet in der Praxis nur bedingt und nur in einer kurzen zeitlichen Abfolge statt. Weiterhin gehen die Autoren (Schöllhorn et al., 2009) auf einen Vorteil des Kontext-Interferenz-Lernens ein, welcher darin liegt, dass eine serielle bzw. stochastische Variation von Bewegungsreihenfolgen eine verbesserte Lern- und Transferleistung beim Probanden zulassen.

Schöllhorn (2004) stellt im Hinblick auf die traditionellen Formen drei Komplexe heraus, welche einer Optimierung bedürfen: Lern-, Lehr- und Bewegungsmodelle. Die wichtigsten Lernmodelle sind demnach die klassische Konditionierung nach Pawlow und Guthrie, das Versuch-Irrtums-Lernen nach Thorndike, Hüll und Skinner, das Modellernen sowie das Lernen durch Einsicht (ebd.).

Unter Angabe von Fetz (1979) separiert Schöllhorn (2004) die Lehrmodelle in methodische Reihen und induktive bzw. deduktive Lehrkonzepte. „Phänomene der Bewegung" (ebd., S. 126) lassen sich durch die Modelle des offenen und geschlossenen Regelkreis nach Lashley bzw. Adams und Anochin und dem schematheoretischen Modell nach Schmidt nachzeichnen (ebd.).

Diese Modelle finden eine unterschiedliche Anwendung, wobei im Schulunterricht und beim Training im Rahmen des Vereinssports oftmals nach Vorbild eines Regelkreismodells und durch operanter Konditionierung der die gewünschte Bewegungsausführung oder Zustand einer Bewegung erreicht werden soll und der Lehrer oder Trainer den induktiven oder deduktiven Lernansatz verwendet. Andere Modelltypen sind eher die Ausnahme (ebd.).

Als problematisch und nicht zielführend bei der Anwendung der traditionellen Lernansätze sehen Schöllhorn et al. (2009) die eingangs angesprochene fehlende Berücksichtigung der individuellen Faktoren und das erkennbare Abweichungen bei der Bewegungsausführungen als Fehler interpretiert werden, zumal die Nicht-wiederholbarkeit einer Bewegung seit längerem wissenschaftlich fundiert ist. Bedenkt man, dass es somit laut Annahme nur eine vollständig korrekte, personen-übergreifende Bewegungsausführung gibt, sind individuelle Lernfortschritte genetisch bedingt und durch den Trainer im Vereinssport und die Lehrkraft im Sportunterricht nicht beeinflussbar sind oder ausgelöst werden können (ebd.). Zudem klammern

> „traditionelle Ansätze […] den Einfluss individueller Vorerfahrungen (*Intrinsic Dynamics*) aus oder versuchen ihn zu umgehen, indem eine möglichst neue Fertigkeit gelernt wird" (Birklbauer, 2006, S. 385).

Schöllhorn (1999) summiert die wichtigsten Merkmale der klassischen Lernformen und beschreibt diese alternierend als entsprechend kontraproduktiv für einen zu erwartenden Lern- und Leistungsanstieg. So sind die bei der Bewegungsaus-führung als Fehler interpretierten Schwankungen und Abweichungen in der Theorie zu minimieren, jedoch seiner Meinung nach für das Lernen unumgänglich und notwendig. Das Einschleifen der Bewegung sorgt für Fortschritte in der Leistungsentwicklung, allerdings sind die Masse an Wiederholungen kein expliziter Befund dafür, dass sich ein Erfolg in der Bewegungsausführung einstellt. Schlussendlich seien zudem die Bedeutungen der Ziel- und Idealtechniken fragwürdig, da im zeitlichen Verlauf der Entwicklung vom jungen zum erwachsenen Sportler Bewegungsvorstellungen oftmals überholt sind und sich in der Regel eine indivi-duelle Idealtechnik, selbst bei Weltklasseathleten, angeeignet wird (ebd.).

Trotz aller vergangener Erfolge und Leistungszuwachse in den unterschiedlichen Sportarten, welche auf die traditionellen Lehr- und Lernansätze durchaus zurück-zuführen sind, sind Technik- und Trainingsinnovationen verbunden mit Leistungssteigerungen ebenso sicher „gerade dann erfolgt, […] wenn sich Athletinnen und Trainerinnen nicht an die oben genannten Vorgaben hielten" (Schöllhorn, 2004, S. 127).

2.3.2. Differenzielles Lernen

Erstmals sieht Schöllhorn (1999, S. 9) „einen möglichen Ausweg" […] in einem „Konzept, das im Folgenden als ‚differentielles Lernen und Lehren' bezeichnet wird", welches dahingehend Abhilfe schafft, dass ein methodischer Lehr- und Lernansatz vorliegt, der die Individualität des Sportlers akzeptiert und die als Fehler interpretierten Schwankungen und Intermittenzen bei der Bewegungsausführung nutzt, um Lernzuwachse beim Athleten zu generieren (Schöllhorn, 1999).

Nötig wird dies durchs Schöllhorns (ebd.) Annahme, dass eine exakte Bewegung nicht zweimal wiederholt werden kann. Die Freiheitsgrade der menschlichen Gelenke, sorgen dafür, dass eine Bewegungsausführung eine Differenz zu der nachfolgenden zweiten Bewegung aufweist. Führt man die Bewegung ein erneutes Mal durch „so liegt diese entweder im Bereich zwischen den beiden zuerst ausgeführten oder außerhalb der aufgespannten Differenz" (ebd., S. 9). Das DL basiert im Gegensatz zu den traditionellen Trainingsansätzen somit auf der Nichtwiederholbarkeit zweier exakt gleicher Bewegungen, der Individualität von Bewegung (Schöllhorn, 2004) und auf den „neurophysiologischen Prinzipien und Erkenntnissen der Selbstorganisation" (Hegen & Schöllhorn, 2012a, S. 32). Es zieht seine lernmethodischen Schlussfolgerungen aus dem systemdynamischen Ansatz (Schöllhorn et al., 2009), die bereits in einem vorherigen Abschnitt dieser Arbeit erläutert wurden. An dieser Stelle sollen die praktischen Konsequenzen und Zielsetzungen der Lehr-Lern-Methode erläutert werden.

In einem Trainingsprozess, der sich an dem DL orientiert, soll versucht werden die immer wieder vorhanden Schwankungen (Differenzen) in einer Bewegungsausführung, also das Rauschen (Auras, 2009), in jeder Phase der Bewegung und somit auch in jedem Lernprozess bewusst zu vergrößern. Diese führt zu einer Leistungssteigerung (Schöllhorn, 2004), da „mit Hilfe der verstärkten Fluktuationen [...] quasi der Randbereich des Lösungsraums abgetastet werden [...]" soll, „so dass die möglichen Lösungen innerhalb dieses Randbereichs von Situation zu Situation adäquat interpoliert werden können" (ebd., S. 129). Zu diesem Zwecke wird in einem absolvierten Training im Sinne des DL im „Extremfall" (Schöllhorn, 2010, S. 14) keine angebotene oder angeleitete Bewegungsausführung wiederholt, sondern eine umfängliche Bandbreite an Bewegungsvariationen in den Übungsprozess eingebaut, welche mit Bezug auf bewegungswissenschaftliche Gesichts-punkten die neuronalen Netze des Athleten metaphorisch gesehen mit einem „Gitter" (Schöllhorn et al., 2009, S. 38) überziehen.

Schöllhorn (1999) nimmt an, dass jedwedes Gelenk des menschlichen Körpers in seinem Winkel sowie in der Geschwindigkeit, der Beschleunigung und Rhythmus derer verändert werden kann. Infolge dessen können Differenzen zwischen den einzelnen Bewegungsausführungen bewirkt werden, indem man:

- die Anfangs- und Endbedingungen einer Bewegungsausführung,
- die Umfänge der Merkmale oder
- den äußeren bzw. inneren Bewegungsrhythmus variiert (Schöllhorn et al., 2009).

Für den aktiven Trainingsprozess ergänzt Wastl (o.J.b), dass die Sinneswahrnehmung eingeschränkt oder verstärkt, Materialien und Geräte, das Gelände und die Regeln verändert werden können, um Variationen zu entwickeln. Die Abbildungen 5 bis 10 skizzieren schematisch den Lernprozess unter-schiedlicher Lernformen in Bezug auf die Variationen.

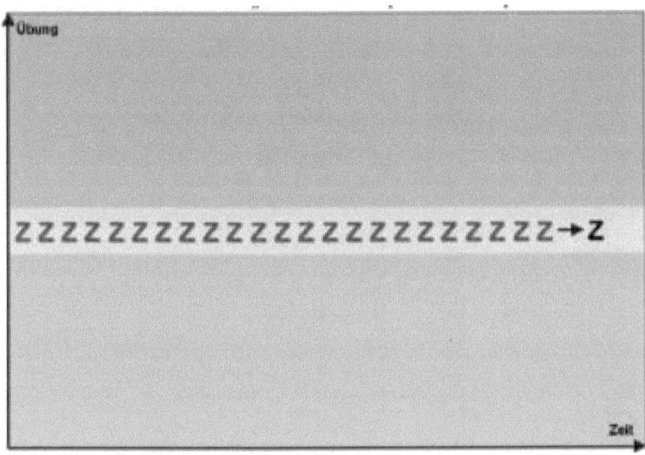

Abb. 5: Lernen durch Wiederholen bzw. Einschleifen (Quelle: Schöllhorn et al, 2009, S. 38)

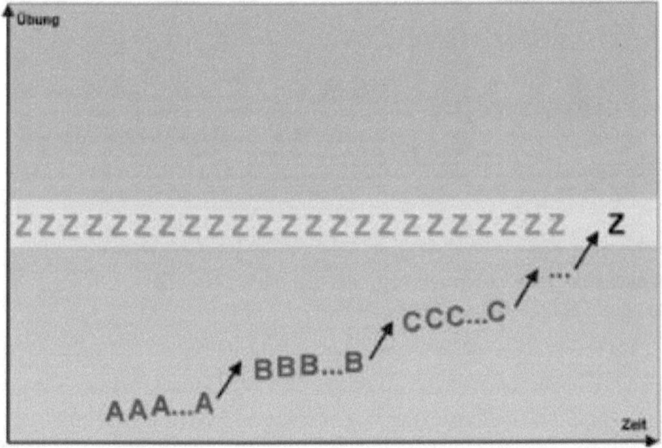

Abb. 6: Lernen anhand von methodischen Übungsreihen (Quelle: Schöllhorn et al., 2009, S. 38)

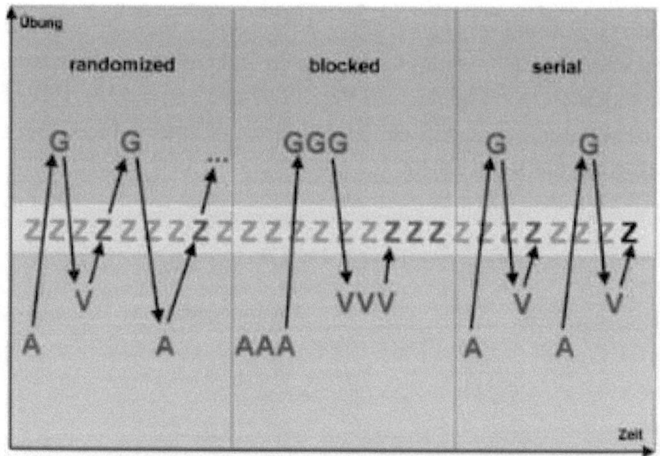

Abb. 7: Kontext-Interferenz-Lernen bzgl. der Invarianten (Quelle: Schöllhorn et al., 2009, S. 38)

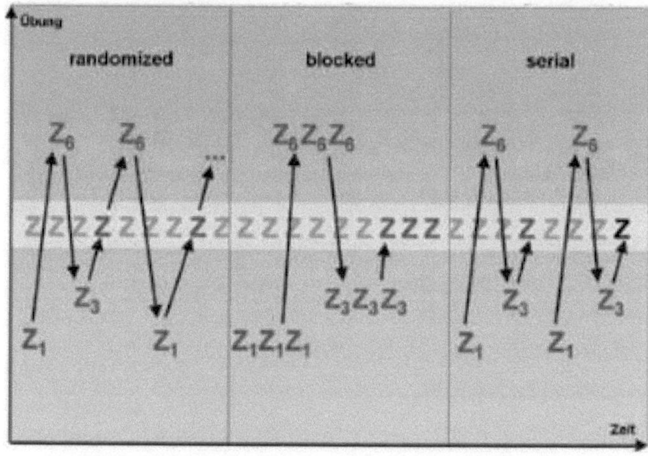

Abb. 8: Kontext-Interferenz-Lernen bzgl. der Parameter (Quelle: Schöllhorn et al., 2009, S. 38)

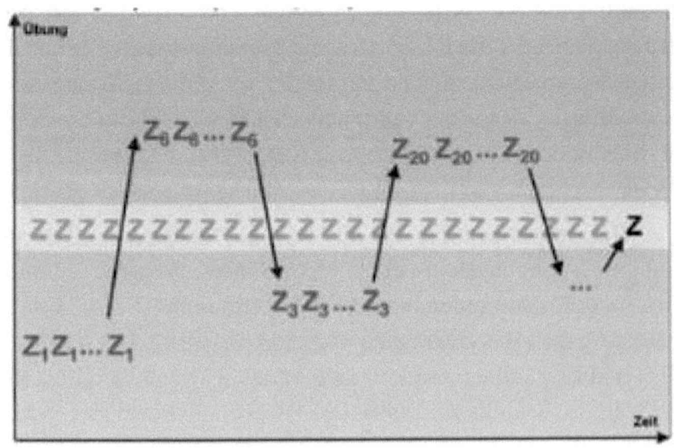

Abb. 9: Lernen anhand der „Variability of practice"- Theorie (Quelle: Schöllhorn et al., 2009, S. 38)

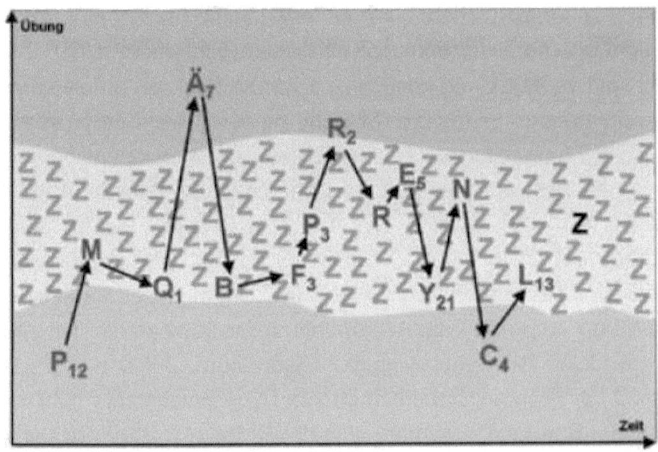

Abb. 10: Differenzielles Lernen (Quelle: Schöllhorn et al., 2009, S. 38)

Auch mit Hinblick auf die Ausführungen zu den traditionellen Lehr- und Lernformen wird deutlich, dass das DL durch seine Variationsbandbreite und das folglich Variieren der unterschiedlichen Parameter sowohl das Kontrastlernen als auch die Schmidt'sche „Variability of practice"-Theorie und weitere Formen mit einschließt (Schöllhorn, 1999; Beckmann & Schöllhorn, 2006).

Schmidt (1985) verändert im Übungsprozess unter anderem zwar analog zum DL die Geschwindigkeit, den Krafteinsatz oder auch die Richtung der Bewegung, allerdings soll eine Bewegungskonstanz erreicht werden. Während Schmidt (ebd.) die variablen Parameter verändert, variiert und „verrauscht" (Schöllhorn, 2010, S. 18) man beim DL auch die Invarianten (Schöllhorn, 2010). Das GMP soll nicht nur gefunden und ausgebildet, sondern auch variabel und situationsentsprechend angewendet werden (Schöllhorn, 1999). Das DL will die Bewegung grundlegend verändern und Fehler für den Lernprozess nutzen (Schöllhorn, 2010).

Durch den nunmehr bekannten erweiterten Lösungsbereich soll der Athlet fähig sein situationsadäquat auf veränderte Abweichungen in der Bewegungsausführung reagieren zu können. Hierbei ist die individuelle Idealtechnik der Bezugspunkt von dem man die Schwankungen betrachtet (Schöllhorn, 1999). Diese Abweichungen sind vielfältig und können sich von Stolpern bis hin zu unterschiedlichen Umwelteinflüssen erstrecken (Schöllhorn, 2010). Der Lernprozess zielt daher darauf ab, den Lernenden auf neue Aufgaben vorzubereiten und die Fähigkeit zu verbessern auf diese entsprechend zu reagieren. Diese Reaktion kann bewusst und unbewusst vollzogen werden. Der Automatisierungs- und Aneignungsprozess, der durch das Üben mittels Variationen abläuft, löst einen Vorgang der Selbstorganisation aus (Schöllhorn, 1999). „Im Vergleich zu traditionellem Training wird als im Lernprozess die Anpassung an das Neue stärker betont als eine unerreichbare ideale Bewegungstechnik" (Schöllhorn, 2004, S. 129). Dies ist auch aufgrund der Nichtwiederholbarkeit von Bewegungen eher notwendig, anstatt altbekannte Bewegungsausführungen detailliert zu verbessern (Schöllhorn, 2004). Besonders bedeutend sind für Schöllhorn, Beckmann, Janssen und Michelbrink (2009, S. 38), auch aufgrund des begrifflichen Hintergrundes mit Betonung auf das Differenzielle, die bei zwei aufeinander folgenden Bewegungen entstehende Differenz, „da sie im Unterschied zur reinen Wiederholung zusätzliche Informationen aus dem Vergleich zweier ähnlicher Bewegungen bereitstellt."

Der sinnhaltige Lösungsraum wird beim DL im Übungsprozess dennoch nicht verlassen, da jedwede Variation einer abgewandelten authentischen Technikausführung gleichkommt und den Sinn bzw. das Ziel der Bewegung beinhaltet (Schöllhorn, 2010).

Der Lehrende bzw. Trainer kann ebenfalls nach der Idee des DL kommunizieren, in dem er die Aufgabenstellungen zu Beginn maßgeblich anleitet. Im Fall des Sprinttrainings oder in Lernprozesses des Kampfsports kann er Tierbewegungen imitieren und nachahmen lassen und in den Trainingsprozess einbauen (ebd.). Es erfolgen weder die Korrektur der Bewegung (Hegen & Schöllhorn, 2012a) und noch ein Einschleifprozess (Schöllhorn, 1999).

Die aufgezeigten Charakteristika des DL machen deutlich, dass ihm im Verhältnis zu den traditionellen Lehr-Lern-Ansätzen „kein destruktives, sondern ein konstruktives Verständnis von Variabilität zugrunde" (Schöllhorn et al., 2009, S. 37) liegt. Dennoch sollen die Merkmale des DL weder suggerieren, dass eine Lehrkraft oder ein Trainer für die erzielte Wirksamkeit gegenstandlos sind, noch sollen sie implizieren, dass das DL ein reines, losgelöstes Üben von Fehlern ist (Schöllhorn, 1999).

Themenfeldübergreifend und sportunspezifisch liegen in der Biologie und im Bereich des Fremdsprachenerwerbs methodischen Grundleitfaden und Konzeptionen vor, die vergleichende empirische Ergebnisse aufweisen (Schöllhorn et al., 2009). Im anschließenden Abschnitt werden zahlreiche empirische Ergebnisse zur Wirksamkeit des DL erläutert.

2.4. Empirische Ergebnisse zum differenziellen Lernen

Die empirischen Studien der vergangenen 20 Jahre zum DL sind vielfältig und erstrecken sich im Rahmen der Bewegungswissenschaft über unterschiedlichste Sportarten. Es wurden zumeist die Auswirkungen des DL im Techniktraining mit denen traditioneller Lehr- und Lernformen verglichen.

An dieser Stelle werden als erstes Studienergebnisse aus dem Breiten- und Leistungssport aufgezeigt und anschließend Schlussfolgerungen aus Experimenten im Sportunterricht erläutert.

2.4.1. Forschungsergebnisse aus dem Leistungs- und Breitensport

Bezogen auf die, auch in dieser Arbeit thematisierte, Sportart Fußball liegen Forschungsergebnisse für die Technikabläufe im Torschuss, dem Passspiel und der Ballannahme vor. Schöllhorn, Sechelmann, Trockel und Westers (2004) führten ihre Feldversuche mit unterschiedlichen Gruppengrößen und Altersbereichen durch. Die Probandengruppen trainierten über mehrere Wochen getrennt voneinander, so dass eine Gruppe nach traditionellen Prinzipien und die andere nach dem Verständnis des DL geschult wurden.

Um den Rauschumfang zu maximieren, wurde in der Trainingsgruppe des DL keine Übungswiederholung durchgeführt. Des Weiteren wurde auf eine Fehlerkorrektur verzichtet. (Schöllhorn et al., 2009).

In ihren Ergebnissen zu den drei Techniken kommen sie zu dem Schluss, dass das DL im Vergleich zu den traditionellen Ansätzen hinsichtlich der Wirksamkeit mindestens gleichweg positive zuweilen sogar wesentliche höhere Leistungszuwachse auslöst. Durch die differenzierte Bodenbeschaffenheit von Fußballplätzen, den unterschiedlichen Fußbällen als Spielgeräte sowie die Einflüsse durch die Anwesenheit von Gegnern liegen Faktoren vor, die demnach zwar auch beim Verfolgen eines traditionellen Trainingsansatz, bspw. nach methodischen Reihen oder dem wiederholenden Einschleifen, durchaus Rauschumfänge auslösen, jedoch diese im Vergleich zum ausgelösten Rauschbereich im DL minimal sind. Eine entsprechend nötige neurophysiologische Adaption des Individuums wird somit nicht ausgelöst. Die unzählige Variabilität, die das DL bietet, steht in keinem vergleichbaren Verhältnis (ebd.). Schöllhorn, Beckmann, Janssen und Michelbrink (ebd.) sehen in den Ergebnissen auch Indizien für den sportlichen Erfolg vereinzelter, oftmals als ursprünglich Straßenfußballer betitelter, südamerikanischer Fußballprofis.

Im Themenfeld der Spielsportarten wurden darüber hinaus weitere Untersuchungen durchgeführt. Schöllhorn und Paschke (2008) führten über dreizehn Wochen ein Experiment zu den Techniken Baggern und Pritschen mit ca. 50 Schülern einer Realschule durch. Es wurde analog zu den aufgeführten Experimenten im Fußball in zwei Gruppen getrennt traditionell und differenziell trainiert. Auch hier zeigte sich bei beiden Techniken, dass die differenziell trainierte Gruppe höchstsignifikante Zuwächse erzielen konnte, welche durchweg über denen der traditionell trainierten Schüler lagen.

Auch im Tennis wurden die Auswirkungen des DL im Trainingsprozess untersucht. Humpert und Schöllhorn (2006) analysierten hierzu die Präzision und Geschwindigkeit beim Aufschlag und ließen wiederum in zwei Trainingsgruppen, diesmal á sechs Probanden, nach klassischen bzw. differenziellen Trainingsaspekten üben. Nach einem Post-Test und vor allem nach dem durchgeführten Retention-Test im Bereich der Präzisionsanalyse zeigte sich die Gruppe des DL im Vergleich zur anderen Gruppe stärker verbessert. Trotz leicht gegensätzlicher Ergebnisse in Bezug auf die Aufschlagsgeschwindigkeit, ließ sich erneut nachweisen, dass der differenzielle Trainingsansatz in diesem Fall weitaus effektiver war (ebd.).

Mit dem Entwicklungsverlauf der Sprungkraft, welche oftmals als einer der entscheidenden konditionellen Leistungsfaktoren im Handball bezeichnet wird, nach einem klassischen und differenziellen Training analysierten Pfeiffer und Jaitner (2003) den Einsatz des DL im Trainingsplan einer weiblichen leistungsorientierten Handballmannschaft. Die Autoren (ebd.) betonen, dass die Ergebnisse durch organisatorische Probleme zwar nur bedingt Aussagen zulassen, diese jedoch zeigten, dass die differenziellen Trainingsaspekte in Sachen Wirksamkeit gegenüber den traditionellen Lernansätzen eine Ebenbürtigkeit aufweisen.

Ein weiterer Schwerpunkt der diesbezüglichen wissenschaftlichen Forschung ist in der Leichtathletik zu finden.

Im Rahmen einer Studie wurden drei Sprinter des Landeskaders in Hinblick auf ihre Ausführung einer Reihe klassischer und alternativer Koordinationsübungen analysiert. Es erwies sich bezogen auf die Leistungsentwicklung und Bewegungsstabilisierung als zielführend, wenn Sprint-Koordinationsübungen auf der Basis des DL im Training angewendet werden, die durch große Differenzen zueinander und eine geringe Wiederholungszahl in der Ausführung gekennzeichnet sind (Lippold, Schöllhorn, Bohn, Schaper, Perl & Hillebrand, 2003).

Weiterhin erzielten die Probandengruppen einer Studie im Kugelstoßen Ergebnisse, die ebenfalls auf eine hohe Effektivität des differenziellen Trainingsansatzes schließen lassen. Zudem zeigten die in diesem Zusammenhang durchgeführten Retention-Tests, dass die Leistungen der Gruppe des DL weiterhin anstiegen (Beckmann & Schöllhorn, 2003; 2006). Weitere Studien im Training der Leichtathletik, die zu ähnlichen Ergebnissen führten, verstärken und vertiefen die aufgezeigten Ergebnisse und theoretischen Annahmen (Schöllhorn, Röber, Jaitner, Hellstern & Käubler, 2001; Jaitner, Kretschmar, & Hellstern, 2003; Beckmann, Welminski, & Schöllhorn, 2008).

Ebenfalls einen empirischen Beitrag zur Wirksamkeit des DL leisten Publikationen und Studien aus dem Schwimmen und dem alpinen Skifahren. Grundlegend kann durch die physikalische Nichtlinearität des Wassers auf sowohl eine Individualität der Bewegungen des Athleten als auch eine Nichtwiederholbarkeit der Bewegung ausgegangen werden. Sich den stetig ändernden Umständen im Wasser anzupassen, ist somit im Trainingsprozess zu berücksichtigen (Schöllhorn, 2010). Um einen Lösungsraum für den Schwimmer zu schaffen, damit er auf diese Schwankungen oder auch Differenzen reagiert, können im Training Änderungen in den Körperwinkeln, Winkelgeschwindigkeiten, Winkelbeschleunigungen und

Bewegungs-rhythmen vorgenommen werden. Der größere Lösungsraum gewährt nun ein Reagieren auf die entsprechende Situation im System (ebd.).

Ähnlich zu den Verläufen während des Schwimmens schildern Schöllhorn, Hurth und Kortmann (2007a), dass sich während des Abfahrtslaufs und auch nach zahlreichen Erfahrungen mit einem Streckenabschnitt insofern stetig physikalische Kräfte ändern und Störungen entstehen, als das der Athlet sich auf diese anpassen und einem Lösungsraum bedienen muss. Das Trainieren identischer Bewegungsabläufe ermöglicht also auch hier keine ausgeprägte Adaptionsfähigkeit (ebd.).

Der Trainingsfokus im Skifahren liegt in der Entwicklung einer überaus kurzen Reaktionszeit. „Ein Lern- und Trainingsansatz, der das schnellstmögliche und adäquate Reagieren zum zentralen Inhalt macht, ist der differenzielle Lern- und Lehransatz" (Schöllhorn, Hurth & Kortmann, 2007b, S. 58). Die realisierbaren Variationen sind wie folgt zu unterscheiden:

- Variationen im Gelände
- Variationen in der Materialwahl
- Variationen durch den Skifahrer
- Fahren mit einer unterschiedlichen Anzahl an Skiern (Schöllhorn, Hurth & Kortmann, 2007b).

Losgelöst vom Themenfeld Sport finden sich auch in anderen Bereichen Untersuchungen zur Umsetzbarkeit und Effizienz des DL. So betonen Widmaier (2009) und Albrecht (2009) die motivationalen Vorteile dieser Lernmethode. Widmaier (2007) selbst gibt hierzu vereinzelte methodische Hinweise, nach denen man Stücke bspw. mit unterschiedlichen Handgelenkswinkeln, Fingergriffen oder Tempoänderungen spielen soll.

Abschließend sei auf die Studie von Vehof, Janssen und Schöllhorn (2009) hingewiesen, die die Effektivität des DL im Schreiberwerb in der Grundschule eruierten. Nach zehn Schreibeinheiten, verteilt auf fünf Wochen, und mit Hilfe eines Prä-Posttestdesigns ergaben sich mit Rücksicht auf acht untersuchte Parameter Ergebnisse, welche die Wirksamkeit des DL unterstreichen. Demnach verbesserte sich die Feinmotorik der nach dem DL übenden Gruppe in der Summe signifikanter, worauf die positiven Erkenntnisse im Schreibfluss und der Schreibgeschwindigkeit schließen lassen. Die differenzielle Gruppe arbeitete mit unterschiedlichen Bewegungsausführungen und Materialien (ebd.).

2.4.2. Differenzielles Lernen im Sportunterricht

Die Sinnhaftigkeit des Einsatzes von DL lässt sich, wie bereits mehrmals angesprochen, anhand der Wirksamkeit nachstellen. Dies wiederum kann durch das Heranziehen von Studien aufgezeigt werden. Inwiefern das DL Anwendbarkeit im Sportunterricht finden kann, beschreiben vereinzelte Forschungsberichte aus den 2000er Jahren.

Auras (2009) konzipierte eine Unterrichtsreihe aus fünf Doppelstunden, um zu eruieren, inwiefern etwaige Unterrichtsabläufe sowohl leistungsschwachen als auch leistungsstarken Schülern in der sportmotorischen Entwicklung helfen. Das Themenfeld war mit den Disziplinen Sprint, Weitsprung und dem Wurf die Leichtathletik. Einen weiteren Schwerpunkt stellte das kooperative Lernen dar. Nach einem Pretest und dem Verdeutlichen der rudimentären Prinzipien des DL seitens Auras (ebd.) an die Schülerschaft wurden bspw. der Anlauf beim Sprung oder Wurf variiert. Um das Rauschen entsprechend ausgeprägt zu gestalten, fand keine Korrektur der Bewegungsausführung statt. In Folge eines lehrerzentrierten Übungsablaufs, entwickelten die Schülerinnen und Schüler (SuS) eigene Übungsvarianten auf Grundlage des DL.

Die Messergebnisse der Unterrichtsreihe waren vielfältig. Die durchschnittlichen Wurf- und Sprintleistungen sanken beim Vergleich der Prä- und Posttestergebnisse zunächst und stiegen wiederum beim Retention-Test leicht an. Einzig die Sprungweiten verbesserten sich stetig und überaus signifikant (ebd.).

Trotz der aufgezeigten scheinbar durchweg positiven Erkenntnisse, die das DL in diesem Fall im Sportunterricht mit sich zubringen scheinen, müssen Interpretationsräume kritisch begutachtet und weitere Erkenntnisse nicht außer Acht gelassen werden. Auras (ebd.) fügt neben den Vorteilen hinzu, dass neben vereinzelten Motivationseinbrüchen während der Übungsausführung seitens der SuS, welche wohl doch nur peripher tangieren, die Messungen nicht durchweg wissenschaftliche Standards erfüllen. Zumindest diese Ergebnisse scheinen daher wohl nur bedingt valide zu sein.

Eine weitere Untersuchung nahmen Röttger, Janssen und Schöllhorn (2009) vor, welche die Entwicklung der koordinativen Fähigkeiten analysierte. An dieser Studie nahmen 19 SuS einer Grundschulklasse teil, welche in eine differenzielle Trainingsgruppe und eine weitere Kontrollgruppe eingeteilt wurden. Letztere trainierte nach dem Prinzip des kooperativen Lernens. Ausgangspunkt für die Testreihe war der Körperkoordinationstest für Kinder (KTK) nach Kiphard und Schilling (2007; Röttger et al., 2009).

Im Rahmen des normalen Sportunterrichts wurde zum Zwecke dieser Analyse einmal pro Woche, mit einer Gesamtuntersuchungsdauer von fünf Wochen, ein entsprechendes 45-minütiges Übungsprogramm in den Unterricht integriert. Im Zuge der Datenauswertung wurde deutlich, dass beide Versuchsgruppen ihre Leistungen merklich steigern konnten. Dennoch zeigte die differenzielle Trainingsgruppe auch hier weitreichendere Verbesserungen. Röttger, Janssen und Schöllhorn (ebd.) merken jedoch zudem an, dass die Kontrollgruppe in den Ausführungen einen gewissen Einfallsreichtum entwickelte und derart viele Variationen in der Übungsfolge durchführte, dass Tendenzen in Richtung des DL möglich sind und beide Lernmethoden gegebenenfalls vermischt wurden.

Der zuvor erläuterten Studie schließt sich bezogen auf das untersuchte Themenfeld der Beitrag von Rausch (2009) an. Seine weitaus umfangreichere Probandengruppe aus 50 Realschülern einer neunten Klasse testete im Weitsprung die Auswirkungen und Leistungszuwächse nach einer fünfwöchigen Interventionsphase getrennt nach klassischen und differenziellen Trainingsaspekten. Auch hier wurde kein zusätzliches, sondern ein in den Sportunterricht integriertes Trainingsprogramm á 30 Minuten pro Unterrichtseinheit durchgeführt. Sowohl die klassische Trainingsgruppe, welche nach methodischen Übungsreihen trainierte, als auch die differenzielle Gruppe, die mittels „vielfältiger und kreativer Bewegungsaufgaben" (ebd., S. 287) übte, erzielte Leistungszuwachse. Erneut zeigte sich, analog zu den bisher bekannten Studienergebnissen, dass diese Verbesserungen bei der unter differenziellen Gesichtspunkten geschulten Gruppe stärker ausfielen (ebd.).

Zu den dargestellten Forschungsergebnissen gibt es weitere Anmerkungen, die Rückschlüsse auf die Sinnhaftigkeit in Bezug auf das Umsetzen des DL im Sportunterricht ziehen lassen. So erwähnt Auras (2009) zuweilen eine starke Neugier und ein Interesse der SuS, diese neuen und innovativen, weil ungewöhnlichen, Bewegungsformen auszuprobieren. Auch die vorausgehend vorhandene Individualität der Kinder sorgt für eine Differenzierung. Die in diesem Unterricht gewählte Organisationsform, basierend auf dem konstruktivistisch-entdeckenden Lernen und der Mehrperspektivität, förderte zudem die Selbsttätigkeit und Eigenverantwortung in Bezug auf die Organisation innerhalb der Gruppe. Da die Lehrkraft nicht korrigieren musste und die SuS keine negativer Kritik erfuhren, entwickelte sich, zumindest innerhalb der Stunde, zum einen ein verhältnismäßig geringer Arbeitsaufwand für die Lehrkraft und gleichzeitig auf der anderen Seite eine angstfreie und motivational-kreative Arbeitsatmosphäre (ebd.).

Auch Röttger, Janssen und Schöllhorn (2009) bekräftigen die Annahmen hinzu einer gesteigerten Selbstverantwortung und dem Entwickeln von Kreativität im Umgang mit dem eigenen Körper.

Die Anwendung von DL im Sportunterricht weist nach Schöllhorn (2010) durch die entsprechenden möglichen Variationen in der Bewegungsausführung und ausführliche Übungswahl enorme pädagogische Vorteile auf, da es bei den anzutreffenden konträren Leistungsvoraussetzungen und der vorkommenden Heterogenität in Schulklassen ansetzt und die SuS in ihren Leistungsvoraussetzungen begegnet. Wird nur eine begrenzte Übungsauswahl mit dem diesbezüglich geforderten Bewegungsablauf durch die Lehrkraft ausgewählt und gefordert, ist dies nicht der Fall (ebd.). Die hohe Anzahl an der angebotenen Bewegungs- und Ausführungsvariationen garantiert eine für die SuS „resonanzfähige Übung" (Schöllhorn et al., 2009, S. 39).

Variationsumfänge können im Unterricht durch:

- „Aufgaben des Lehrers […]
- Kreativität der Schüler […]
- Spielformen […]
- Aufgreifen und Verstärken der von den Schülern gezeigten Schwankungen" (Beckmann & Gotzes, 2009, S. 48)

generiert und vergrößert werden.

Am Aspekt, dass das DL an den spezifischen Leistungspotenzialen der SuS ansetzt, knüpfen auch die Ausführungen von Kißmann, Beckmann und Michelbrink (2009) an. Die jeweiligen SuS entwickeln hier unter mit Hilfe des Lehrers ihre eigene disziplinspezifische Idealtechnik und ihre Individualität wird in das Zentrum des Unterrichts gestellt. Fokussiert man sich andererseits auf die Bewegungszeit der SuS in der Sportstunde, so wird deutlich, dass das im DL ausgeführte Bewegungserproben bereits aktive Unterrichtszeit darstellt und diese effektiver genutzt wird (ebd.).

Beim DL findet sich die Lehrkraft daher eher in einer Beraterrolle wieder, wogegen die SuS die Hauptakteure sind und Eigeninitiative zeigen müssen (Röttger et al., 2009). An dieser Stelle werden sie, auch durch den Lehrkörper unterstützend, zu selbstständigem Arbeiten und Lernen angeregt. Die Rolle des Lehrenden ändert sich insofern, als dass er nicht mehr „die Rolle des „Fehlerdetektivs" […] zugeschrieben" (Kißmann et al., 2009, S. 53) bekommt, sondern während des Unterrichts eine möglichst weitreichende Anzahl an Bewegungsaufgaben kreiert.

Ein (ver)urteilende Kritik erfolgt durch ihn nicht, sondern vielmehr ein pointiertes Lenken von Aufmerksamkeit hinzu einzelner Bewegungsdetails (Kißmann et al., 2009).

Die mit dem DL angegeben lehrmethodischen Charakteristika zeigen nach Zusammenfassung der bisherigen empirischen Erkenntnisse, „dass dieser noch junge Ansatz durchaus das Potenzial birgt, die Qualität des Unterrichts zu erhöhen." (ebd., S. 51). Bedingungen sind jedoch das Abkehren von einer Optimaltechnik in den jeweiligen Rahmenlehrplänen und eine pädagogischen Neuorientierung (ebd.).

2.5. Kritik

Mit dem kürzlichen Erscheinen der Aussagen Frank Wormuths (Krömer, 2015), dem Leiter der Fußball-Lehrer-Ausbildung des DFB, erlangt die wissenschaftliche Debatte um die Umsetzbarkeit, den Nutzen der methodischen Grundsätze des differenziellen Lernens und die nötigen empirischen Nachweise über die Wirksamkeit neuen Aufwind. Trotz der nachweislich dargelegten Studienergebnisse wird das differenzielle Lernen im Rahmen der Trainerausbildung lediglich peripher angesprochen, da nach Aussage Wormuths „dieser Ansatz von Lernen bestimmter Bewegungen nicht auf den Fußball übertragbar ist" (Krömer, 2015, S. 10). Eine Untersuchung der DSHS Köln widerlege teilweise bisherige Erkenntnisse. Schöllhorn widersprach diesen Aussagen und auch Wormuth revidierte und präzisierte zumindest in Auszügen entsprechende Aussagen. Demnach können lediglich in Spielformen ansatzweise einzelne Aspekte des differenziellen Lernens übertragen werden. Für die Technik des Torschusses, für die eine hauptsächliche Studie existiert (Trockel, 2002; Schöllhorn et al., 2004) sei es nicht anwendbar. Nichtsdestotrotz werde in Zukunft weiterhin das Konzept des differenziellen Lernens beobachtet und mit Interesse verfolgt. Schon im Februar 2016 soll beim Ausbildungslehrgang zum Fußballlehrer ein mehrtätiges Seminar unter Leitung Schöllhorns stattfinden.

Abgesehen von dieser aktuelleren Diskussion findet sich in der Wissenschaft quantitativ nur wenig bis gar keine evaluierende Kritik am differenziellen Lernen. Einzig Künzell und Hossner (2012) publizierten einen kritischen Beitrag und stellten die Ausführungen Schöllhorns (1999) sowie die später erschienenen, darauf aufbauenden Studien hinsichtlich Theorie als auch die praktischen Experimente in Frage. Neben der Tatsache, dass für das Konzept des differenziellen Lernens keine Definition existiere, differenzieren sie ihre wissenschaftlichen Einwände in vier Punkten.

Laut Künzell und Hossner (2012) lässt sich das differenzielle Lernen zum einen nicht durch den systemdynamischen Ansatz begründen und weiterführen, da einerseits bspw. ein Selbstorganisationsvorgang, welcher für die Bewegungsaneignung nötig ist, nicht vom Individuum ausgelöst werden kann und darüber hinaus eine Exponentialität entsteht, wenn man einen dreidimensionalen Raum, in dem Fall einen Lösungsraum einer Bewegung, nach Grenzpunkten abtastet.

Zum anderen wäre der Versuch Schöllhorns das differenzielle Lernen vom Kognitivismus abzugrenzen inkorrekt, da entgegen seiner Aussagen „Motorikprogramme […] sich nicht auf definierte Idealbewegungen" (Künzell & Hossner, 2012, S. 94) beziehen und er mehrere Publikationen und Ausführungen zu diesem Thema entweder fehlinterpretiere oder gar nicht erst berücksichtigen würde (ebd.). Die getätigten Nachweise hinzu einer wissenschaftlich bestätigten Wirksamkeit seiner Trainingstheorie sind zudem aufgrund unbeachteter Durchführungskriterien und Auswertungsvorgaben unzulässig. Hier hätten nach Angabe der Autoren u.a. mehrere Probandengruppen mit der gleichen Übungsreihenfolge getestet und verglichen werden müssen, um zureichende Aussagen treffen zu können. Letztlich sei der Trainingsansatz Schöllhorns (1999) in der Forschung der Sportpraxis nicht innovativ, da bereits sowohl variationsreiches Training und Berücksichtigung der individuellen Parameter eines Athleten im Leistungssport bereits ausführlich und intensiv Anwendung findet (Künzell & Hossner, 2012).

Bezugnehmend auf diese Aussagen veröffentlichten Schöllhorn, Beckmann, Eekhoff und Hegen (2013) einen Diskussionsbeitrag und wiesen jegliche Kritik in unterschiedlichen Punkten zurück. Hierzu wird angeführt, dass ihre durchgeführten Experimente sehr wohl eine empirische Basis darstellen und die theoretischen Annahmen belegen. Zudem bestätigen die Rückmeldungen über die praktische Anwendung des differenziellen Lernens auf nationaler und internationaler Ebene die Bedeutsamkeit dieser Trainingsmethode. Weitere Aspekte betreffend merken sie an: „Zusammenfassend: 1) Das DL ist aus dem systemdynamischen Ansatz ableitbar. 2) Eine Abgrenzung des DL zum Kognitivismus war nie vorgesehen." (Schöllhorn et al., 2013, S. 57).

Wastl (o.J.b) fügt an, dass weitere empirische Untersuchungen und auch Diskurse nötig sind, um fundierte Wirksamkeitsnachweise zu liefern und das auf dem systemdynamischen Ansatz basierende DL von anderen Theorien der Bewegungssteuerung abzugrenzen.

Abbildung 11 fasst die Kritik Künzells und Hossners (ebd.) zusammen.

Tab. 1 Kritikpunkte am differenziellen Lernen (DL) im Überblick	
(1) DL lässt sich nicht aus dem systemdynamischen Ansatz ableiten.	(a) Bewegungslernen entspricht nicht dem Auffinden eines globalen Minimums.
	(b) Der systemdynamische Ansatz ist neutral gegenüber Empfehlungen zur Rückmeldungsgabe.
	(c) Verstärkte Streuungen führen nicht zu Veränderungen der systemischen Potenziallandschaft.
	(d) Ein Einkreisen der individuellen Optimallösung ist in hochdimensionalen Räumen unmöglich.
(2) Die Abgrenzung des DL zum Kognitivismus ist lücken- und fehlerhaft.	(a) Motorikprogramme beziehen sich nicht auf definierte Idealbewegungen.
	(b) Aus Programmtheorien folgt nicht, dass Bewegungen „eingeschliffen" werden sollten.
	(c) Der themenrelevante Kontextinterferenzansatz wird zuerst ignoriert und dann fehlinterpretiert.
	(d) Themenrelevante Arbeiten zur Rückmeldungsgabe bleiben völlig unberücksichtigt.
	(e) Themenrelevante Arbeiten zur Variabilität werden unzureichend referiert.
	(f) Jüngere Entwicklungen nach Ende der Motor-action-Kontroverse wurden vollständig verpasst.
(3) Der Nachweis der Wirksamkeit des DL wird empirisch nicht erbracht.	(a) Das gewählte experimentelle Design erlaubt nicht den Ausschluss alternativer Erklärungen.
	(b) Empirische Befunde werden nicht nach wissenschaftskonformen Regeln interpretiert.
	(c) Die statistische Auswertung der Daten entspricht nicht dem wissenschaftlichen Standard.
	(d) Berichtete und tatsächliche empirische Befundlage weisen Widersprüche auf.
(4) Der Sportpraxis liefert das DL nichts Neues.	(a) Die Nichtwiederholbarkeit von Bewegungen widerspricht nicht einer Leitbildorientierung.
	(b) Individualität und Variation finden in der Sportpraxis bereits umfassende Berücksichtigung.
	(c) Unzureichende Definitionen der Bewegungsvariationen führen zu mangelnder Praktikabilität.

Abb. 11: Zusammenfassung der Kritik Künzells und Hossners am differenziellen Lernen. (Quelle: Künzell & Hossner, 2012, S. 94)

3. Praktische Untersuchung

In der Sportart Fußball liegen vereinzelt Experimente vor, welche die Wirksamkeit des DL untersuchen. Sie alle umfassen das Training verschiedener Grundtechniken (Vgl. Kap. 2.4.1.).

Der zweite wesentliche Teil der Arbeit widmet sich einem themenbezogenen Feldversuch, der an die Forschungsergebnisse von Sechelmann (2002; Sechelmann & Schöllhorn, 2003) anknüpft. Er stellt eine Replikationsstudie dar und weicht nur minimal von Sechelmanns (2002) Untersuchung ab.

3.1. Untersuchungsmethodik

Vom 4. Dezember 2015 bis einschließlich 27. Januar 2016 absolvierten 16 Spieler der U12-Juniorenmannschaft eines Berliner Fußballvereins 18 Trainingseinheiten zum Schwerpunkt Passspiel. Der Altersdurchschnitt der Mannschaft lag bei 11,4 Jahren und alle Teilnehmer waren männlich. Die Leistungsstärke der Gruppe ist dadurch, dass sechs Spieler im DFB-Förderprogramm stehen und von diesen sechs wiederrum die Hälfte demnächst auf einer Berliner Sportschule unterrichtet werden, als überdurchschnittlich hoch einzustufen. Ferner belegen dies die aktuellen Leistungen und Ergebnisse im Spielbetrieb. Zudem trainiert die Mannschaft bereits seit mehreren Jahren dreimal wöchentlich á 90 Minuten zuzüglich mindestens eines wöchentlichen Wettkampfes.

Am 2. Dezember 2015 erfolgte nach einer randomisierten Einteilung der Probanden in eine differenziell (d) und eine klassisch (k) trainierende Gruppe, bestehend aus nunmehr je acht Spielern, der Pretest. Abbildung 12 zeigt die schematische Darstellung des Testablaufes nach Sechelmann (2002) publiziert in einem Beitrag von Schöllhorn, Sechelmann, Trockel und Westers (2004).

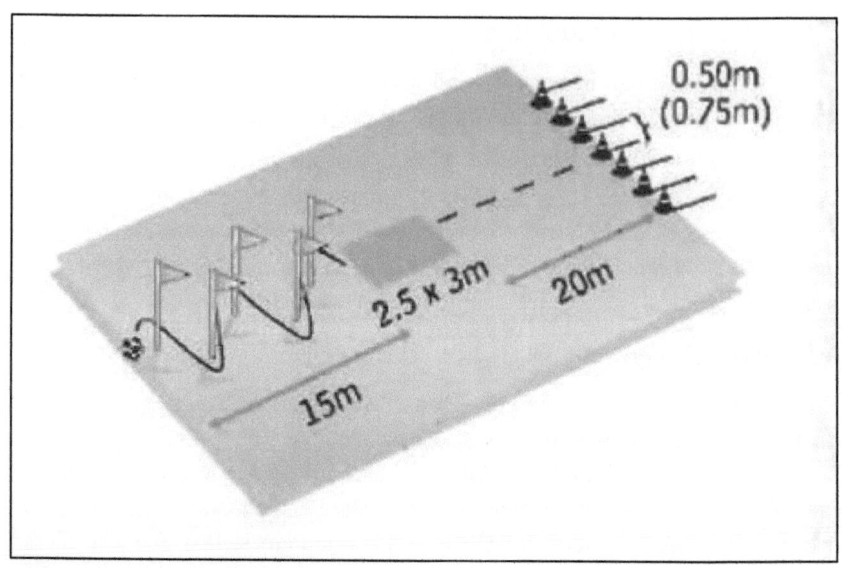

Abb. 12: Schematische Darstellung des Pre- und Posttests (Quelle: Schöllhorn et al., 2004, S. 15)

Nach der letzten Trainingseinheit wurde am 29. Januar 2016 der Posttest und nach einer erneuten Dauer von drei Wochen am 19. Februar 2016 der Retention-Test durchgeführt. In den Abbildungen 13 bis 15 sind die für den Testablauf realisierten Aufbauten veranschaulicht.

Abb. 13: Zielfläche mit den markierten Abweichzonen. (Quelle: Privat)

Abb. 14 : Aufbau des Pre- und Posttest, Ansicht Startpunkt. (Quelle: Privat)

Abb. 15 (unten): Aufbau des Pre- und Posttests, Ansicht Abspielzone. (Quelle: Privat)

Jeder Teilnehmer hatte die Aufgabe eine 16m lange Strecke im Slalom zu durch-
dribbeln, um anschließend in einem 2,50 x 3,00m großen markierten Feld, der
Abspielzone, einen Pass auszuführen. Mit dem Pass sollte aus ca. 20m eine 0,75m
breite Zielfläche getroffen werden, für die es eine Höchstpunktzahl von sechs gab.
Hierbei zeigt sich eine minimale Änderung bezogen auf den ursprünglichen Test
von Sechelmann (2002), da nicht ein Fähnchen, sondern die Zielfläche getroffen
werden sollte. Diese Zielfläche repräsentiert auf realistische Weise die etwaige
Breite eines stehenden und anbietenden Mitspielers, welches ein einzelnes schma-
les Fähnchen eher weniger vermuten lässt. Alle Probanden hatten jeweils zehn
Versuche und wurden mit der Punkteverteilung vertraut gemacht. Die Zielfläche
wurde mit Hilfe eines Mini-Tores (Vgl. Abbildung 13 hervorgehoben). Parallel

zum Test von Sechelmann (2002) bzw. Sechelmann und Schöllhorn (2003) lagen beidseitig zu der Zielfläche mit der Höchstpunktzahl mehrere Abweichungszonen vor, welche die exakte Breite aufwiesen. „Jede Intervallabweichung hatte zur Folge, dass ein Punkt weniger gewertet wurde" (Sechelmann & Schöllhorn, 2003, S. 136).

Im Rahmen des siebeneinhalb Wochen andauernden Trainingszyklus absolvierten die Spieler, bis auf den trainingsfreien Zeitraum zwischen Weihnachten und dem Neujahr, ebenfalls drei Übungseinheiten pro Woche und durchliefen innerhalb der Trainingseinheiten jeweils einen ca. 20-minütigen Übungsteil, welcher speziell auf das Experiment abgestimmt war und entweder nach den klassischen Trainingsmethoden oder dem DL gestaltet war. Der Fokus lag auf der Verbesserung des Passspiels mit dem Nicht-Schussbein (NSB). Hierbei ist mit der Verbesserung des Passspiels die Passgenauigkeit gemeint.

In der Treatment-Phase trainierte die klassische Gruppe unter dem Einsatz methodischer Reihen und steigenden, hohen Wiederholungszahlen. Die methodischen Entscheidungen und Übungsinhalte orientierten sich an den Werken des DFB vertreten durch Bisanz und Vieth (2001) sowie Peter (2005).

Diesbezüglich muss auf mehrere Aussagen hingewiesen werden, welche die Annahmen der Autoren verdeutlichen. „Das systematische Einüben der Bewegungsabläufe ist ein Prozeß beharrlicher Wiederholungen" (Bisanz & Vieth, 2001, S. 66). Die Gewichtung einer hohen Wiederholungszahl nennt auch Peter (2005, S. 193): „Eine Technik muss über mehrere Wochen erlernt, stabilisiert und verbessert werden [...] denn 500 Wiederholungen [...] in einem Monat sorgen für einen nachhaltigeren Lernerfolg". Das Einschleifen der Bewegung scheint unabdingbar zu sein, denn

> „wenn nicht vor allem im Grundlagentraining auf die korrekte Ausführung der Technik geachtet wird, werden grundlegende Fehler im Bewegungsablauf, die später nur schwer ausgemerzt werden können, die Leistungsentwicklung hemmen" (Peter, 2005, S. 242).

Die hohe Wiederholungsanzahl wird dem Setzen eines Trainingsschwerpunktes über einen längeren Zeitraum gleichgesetzt (Peter, 2005). Nichtsdestotrotz erfährt das Variieren der Aufgabenstellung eine Bedeutung, da dieses den Spieler darauf vorbereitet, in den unterschiedlichsten Spielsituationen entsprechend zu reagieren (Bisanz, 2001).

Weiterhin gibt die klare Vorstellung einer Ideal-Technik, die beim Passspiel mit dem Fuß eingesetzt werden soll und keinerlei wesentliche Abweichungen zulässt. Darüber hinaus existieren Fehlerbilder, die Korrekturhinweise beinhalten (DFB, o.J.). Bezogen auf diese Ausführungen soll möglichst die Innenseite des Fußes genutzt werden, um einen Pass zu spielen. Das Fußgelenk wird hierzu gefestigt und die Fußspitze ausgewinkelt. Das Standbein setzt neben dem Ball auf und das Spielbein schwingt nach dem Ballkontakt in die gewünschte Passrichtung nach (DFB, 2006).

Der typische Ablauf eines Übungsteils der (k)-Gruppe im ersten Drittel des Trainingszyklus veranschaulicht Abbildung 16:

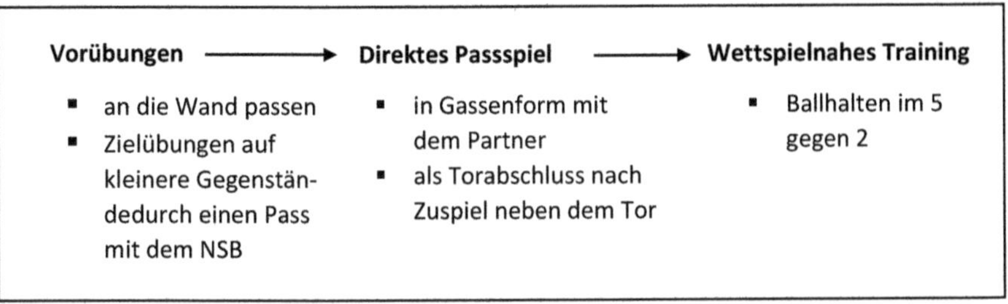

Abb. 16: Ablauf eines Übungsteils der (k)-Gruppe im ersten Drittel des Trainingszyklus. (Quelle: Eigene Darstellung in Anlehnung an DFB (o.J.) und Peter (2005))

Die Inhalte folgten grundsätzlich den methodischen Leitlinien für das Techniktraining. Dabei wird in der Altersklasse der Probanden dem Verfeinern von Techniken eine zentrale Bedeutung zugesprochen. Das Verbessern bzw. Verfeinern der Technik des Passspiels mit dem NSB erfolgte spielnah und vielseitig sowie im Wechsel zwischen reinen Übungsformen und spielerischen Technikaufgaben (Peter, 2005).

Die Trainingsbedingungen der (d)-Gruppe wurden stetig variiert, um gleichsam zu Sechelmann (2002) „möglichst den gesamten Fehler- (bzw. Lösungs- und Interpolations-)raum" (Sechelmann & Schöllhorn, 2003, S. 136) auszutesten (Vgl. Kap. 2.3.2.).

Im Trainingszyklus wurden mehrere Ballsorten, die sich in Beschaffenheit und Größe unterschieden, eingesetzt und vor allem in Anlehnung an Schöllhorn (1999) die Bewegung in mehreren Dimensionen verändert. Das Repertoire der verschiedenen Bewegungsausführungen und Übungsvariationen reichte von der Veränderung des Anlaufs, über die Einstellung der Gelenkwinkel bis zur variierten Haltung der Stand- und Spielbeine. Zuzüglich zu diesen möglichen Bewegungsvariationen wurden weitere Zusatzaufgaben gestellt. Im absolvierten Training wurde im Sinne des DL in „Extremform" (Schöllhorn, 2004, S. 132) gehandelt, d.h. keine angebotene oder angeleitete Bewegungsausführung wiederholte sich.

Durch die Kombination der unterschiedlichen Variationen ergab sich einen enorm hohe Anzahl von Übungsmöglichkeiten (Hegen & Schöllhorn, 2012b), welche zumeist das Ziel hatten, einen unterschiedlich weitentfernten Gegenstand oder Mitspieler anzuspielen. Auch an dieser Stelle wurde in manchen Trainingseinheiten aus Motivationsgründen der Pass einem zielgerichteten Torabschluss gleichgesetzt, um wiederum die vielseitigen Varianten des Passes aufzuzeigen und eine differenzierte Sinnhaftigkeit der Technikausführung deutlich zu machen. Auch Spielformen, in denen ein Ball per Pass mit dem NSB auf unterschiedlichste Art und Weise zum Mitspieler gebracht werden musste und in denen durch immer neue Spielsituationen Varianten entstanden, wurden eingebaut.

Hegen und Schöllhorn (ebd.) sowie Trockel (2002) zeigen auf, welche Übungsvariationen für das DL im Torschusstraining eingesetzt wurden. Eben diese Variationen lassen sich problemlos auf das Passspiel übertragen. Auch hier betonen die Autoren (ebd., S. 32): „Das stupide Wiederholen einer Bewegung hat keinen positiven Lerneffekt.".

Die in Abbildung 17 einsehbaren Bewegungsabläufe wurden im Rahmen der Untersuchung umgesetzt, wahlweise miteinander kombiniert und stellen auch nur einen Teil der einsetzbaren Anwendungsmöglichkeiten dar.

Mind Map zur Technik Torschuss im Fußball
Ein Auge schließen
Blinzeln
Trefferzone am Tor vorgeben
usw.
ZUSATZ-AUFGABEN
ANLAUF
Anfersen
Sidesteps
Einbeinig
usw.
Ein Arm in Hochhalte
Armkreisen
Oberkörpervorlage
usw.
KÖRPER-HALTUNG
TOR-SCHUSS
STANDBEIN
Standbein weit vom Ball
Standbein hinter dem Ball
Standbein gebeugt
usw.
Ball ruht
Ball wird gedribbelt
Ball wird zugespielt
usw.
SITUATION
SPIELBEIN
Ausholbewegung nach hinten außen
Gestrecktes Kniegelenk
Ausschwung abbremsen
usw.

Abb. 17: Überlegungen zu Anwendungsmöglichkeiten des DL im Fußball am Beispiel der Torschusstechnik (Quelle: Hegen & Schöllhorn, 2012, S. 33)

Die untenstehende Abbildung 18 visualisiert ein konkretes Beispiel aus der Trainingspraxis. Auch dieses Beispiel ist aus dem ersten Drittel des Trainingszyklus entnommen.

Pass eines ruhenden Balles	Pass aus dem Dribbling	Spielform im Viereck
▪ Anlauf mit Anfersen	▪ stetiges Kopfkreisen	▪ 6 gegen 2 im Ballhalten
▪ Spielbein ist gestreckt	▪ Spielbein beim Kontakt nach innen schwingen	▪ dabei muss die Art des Passes ständig gewechselt werden
▪ Arme fest am Oberkörper	▪ ein Auge geschlossen	
▪ Hopserlauf beim Anlauf	▪ Blinzeln	▪ jede Spielsituation stellt eine Variante dar
▪ Oberkörperrotation	▪ mit Gegnerdruck von hinten	
▪ Pass mit der Fußspitze	▪ Standbein gebeugt	
▪ Hüftkreisen beim Anlauf		
▪ Sprung nach vorn nach		

Abb. 18: Ablauf eines Übungsteils der (d)-Gruppe im ersten Drittel des Trainingszyklus. (Quelle: Eigene Darstellung in Anlehnung an Hegen und Schöllhorn (2012b) und Trockel (2002))

In einem Übungsdurchgang sollten nicht mehr als drei Anweisungen miteinander verknüpft werden, da es sonst zu einer Überforderung auf Seiten des Spielers kommen kann (Hegen & Schöllhorn, 2012b). Diese Empfehlung wurde während des Experiments entsprechend beachtet. In den beiden Übungsphasen vor der Spielform sollte jeweils ein Pass zu einem unterschiedlich entfernten Mitspieler erfolgen. Die Distanz variierte in jedem einzelnen Durchgang. Dies forderte eine stetige Anpassung der Passgeschwindigkeit und förderte die Differenzierungsfähigkeit.

3.2. Testanalyse

Bei einem Pretest/Posttest-Forschungsdesign wird an zwei verschiedenen Messzeitpunkten die Veränderung einer abhängigen Outcome-Variable überprüft, wobei die erste Messung vor und die zweite Messung nach der Programmteilnahme der Probanden liegt. Aus den unterschiedlichen Messwerten können Rückschlüsse auf die Treatment-Phase geschlossen werden (Brogan & Kutner, 1980). Die Messunterschiede können den Effekt der Programmteilnahme aufzeigen (Rossi, Freeman & Lipsey, 1999). Es lassen sich jedoch nur einzelne Folgerungen ziehen, die oftmals zwischen den teilnehmenden Gruppen bestehen. So führen Brogan und Kutner (1980, S. 229) dazu aus:

> „The statistical analysis for these designs can be approached from several viewpoints. If the dependent variable is measured on an interval or ratio scale, a common analysis is to define a difference score for each subject (posttest minus pretest or vice versa) or a relative difference measure (the difference divided by the pretest) and then test the null hypothesis that the means or medians of the (relative) differences are equal for each group."

Trotz der Einfachheit in Aufbau und Durchführung des Forschungsdesigns finden sich durch die Merkmale des Testprinzips auch mehrere Nachteile. So können die Messergebnisse nicht als reiner Programmeffekt dargestellt werden, da Reifungsprozesse beim Probanden oder auch interferierenden, also ungewöhnliche und kaum vorhersehbare, Ereignisse, die Messergebnisse entscheidend beeinflussen (Rossi et al., 1999). Dennoch kann diese Testvariante bei kurzzeitigen Forschungsinterventionen eingesetzt werden, bei denen davon ausgegangen wird, dass ohne Interventionen keine Veränderung beim Probanden stattfindet (ebd.).

Aus diesen Grund wurde das Forschungsdesign für die Untersuchung der Hypothesen genutzt und zusätzlich ein Retention-Test durchgeführt, um auch die Auswirkungen der Treatment-Phase nach einem längeren Zeitraum ohne Training des

NSB mit Hinblick auf die Adaptions- und Merkfähigkeit sowie langfristige Leistungssteigerung zu überprüfen.

Die bisherigen Ausführungen zu der mit diesem Test vergleichbaren Studie lassen teilweise statistische Ungenauigkeiten erkennen. So schildern Sechelmann und Schöllhorn (2003), dass die Abweichungszonen nominalskaliert sind, führen jedoch nicht weiter an, inwiefern die Skalierungen vorliegen, die eine Mittelwertberechnung zulassen. Hierzu wird lediglich angegeben: „Aufgrund des Skalenniveaus wurden neben der Berechnung von Mittelwerten und Standardabweichungen, nicht parametrische Tests (Wilcoxon- bzw. Mann-Whitney-U […]) verwendet" (ebd., S. 136). Für diese nichtparametrischen Tests muss jedoch mindestens eine Ordinalskalierung vorliegen (Universität Zürich, 2010a). Beispielhafte Zahlenwerte, die Rückschlüsse zulassen, fehlen gänzlich. Darüber hinaus lassen die genutzten Abbildungen die in der Studie erforschten Werte nur erahnen und werden undeutlich dargestellt. Ferner bleibt nur zu spekulieren, wie die methodischen und inhaltlichen Vorgehen gestaltet wurden. Auch hierzu fehlen genauere Angaben, welche durchaus Anreize für interessierten Trainer oder Lehrkräfte schaffen könnten. Sicherlich in gewisser Weise zu vernachlässigen, aber dennoch erwähnenswert ist, dass in dem schematischen Testaufbau der Hütchenabstand für den Slalom nicht verzeichnet ist und unklar bleibt, wie die Umsetzung zu verstehen ist.

Rasch, Friese, Hofmann und Naumann (2010) empfehlen für diese Art des Forschungsdesigns eine Varianzanalyse mit Messwiederholung als geeignetes Verfahren, wenn eine Analyse von Daten durch Messwiederholungen durchgeführt werden soll, also ein Proband mehrmals Messwerte für eine Variable liefert. Es können die Mittelwertunterschiede mehrerer Messungen verglichen und auf Signifikanz überprüft werden, um herauszufinden, inwiefern ein Treatment Einfluss auf Unterschiede einer Testvariablen hat (Universität Zürich, 2010b). Bezugnehmend auf Sechelmann und Schöllhorn (2003, S. 136)

> „galt der Mittelwert als Maß für die Passgenauigkeit. Die Standardabweichung galt als Maß für die Konstanz, mit der ein Ergebnis reproduziert werden konnte. Dementsprechend galt eine geringe Standardabweichung als hohe Bewegungssicherheit bzw. flexibilität."

Die weiteren Abschnitte thematisieren die Ergebnisse des für diese Arbeit durchgeführten Pre-Post- und Retention-Tests sowie die hypothesenspezifischen Hinweise, welche sich aus der Auswertung ergeben.

Die expliziten Testergebnisse jedes einzelnen Teilnehmers sind in Anlage 1 einsehbar, wobei die Namen der Teilnehmer aus datenschutzrechtlichen Gründen anonymisiert wurden.

Die Tests sind für die Ergebnisdarstellung und Auswertung wie folgt bezeichnet:

- Gesamtpunktzahl der (d)-Gruppe im Pretest: PreDL
- Gesamtpunktzahl der (k)-Gruppe im Pretest: PreK
- Gesamtpunktzahl der (d)-Gruppe im Posttest: PostDL
- Gesamtpunktzahl der (k)-Gruppe im Posttest: PostK
- Gesamtpunktzahl der (d)-Gruppe im Retention-Test: RetDL
- Gesamtpunktzahl der (k)-Gruppe im Retention-Test: RetK

Mit Hilfe einer SPSS-basierten Software fanden zunächst Tests zur Überprüfung der Normalverteilung statt. Die Mittelwerte aller Tests sind in Tabelle 1 aufgeführt.

Tab. 1: Mittelwerte der Pre-, Post- und Retention-Tests auf Basis von Anlage 1.

Bericht						
	PreDL	PostDL	RetDL	PreK	PostK	RetK
Mittelwert	35,38	39,63	37,38	37,13	38,38	42,13
N	8	8	8	8	8	8
Standardabweichung	7,050	6,435	3,623	7,338	6,567	4,086

Weiterführend zeigen die Tabellen 2 und 3, dass eine Normalverteilung der Daten für die Pre- und Posttests vorliegt. Dies ist für die weitere Verarbeitung der Daten entscheidend, da somit das entsprechende Verfahren gewählt werden muss. Zum optischen Abgleich dienen die Abbildungen 19 bis 22. Lediglich die beim Pretest erfassten Werte der (d)-Gruppe sind grenzwertig, können aber aufgrund des Shapiro-Wilk-Wertes im Sinne der Normalverteilung berücksichtigt werden.

Tab. 2: Datenangabe zur Normalverteilung der Pretests auf Basis von Anlage 1.

	Tests auf Normalverteilung					
	Kolmogorov-Smirnov[a]			Shapiro-Wilk		
	Statistik	df	Signifikanz	Statistik	df	Signifikanz
PreDL	,298	8	,035	,828	8	,057
PreK	,210	8	,200*	,887	8	,219
*. Dies ist eine untere Grenze der echten Signifikanz.						
a. Signifikanzkorrektur nach Lilliefors						

Tab. 3: Datenangabe zur Normalverteilung der Posttests auf Basis von Anlage 1.

	Tests auf Normalverteilung					
	Kolmogorov-Smirnov[a]			Shapiro-Wilk		
	Statistik	df	Signifikanz	Statistik	df	Signifikanz
PostDL	,211	8	,200*	,963	8	,841
PostK	,208	8	,200*	,901	8	,292
*. Dies ist eine untere Grenze der echten Signifikanz.						
a. Signifikanzkorrektur nach Lilliefors						

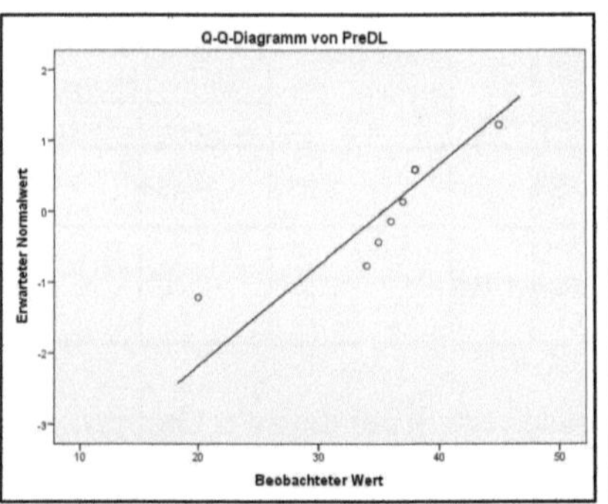

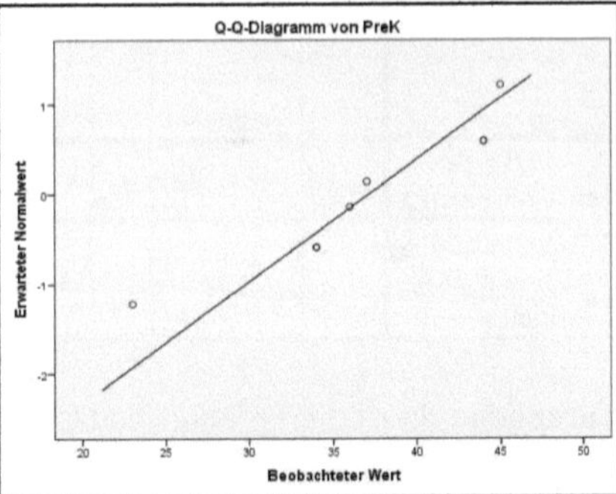

Abb. 19 (links) und Abb. 20 (rechts): Q-Q-Diagramm zur Veranschaulichung der Normalverteilung der Pretests auf Basis von Anlage 1.

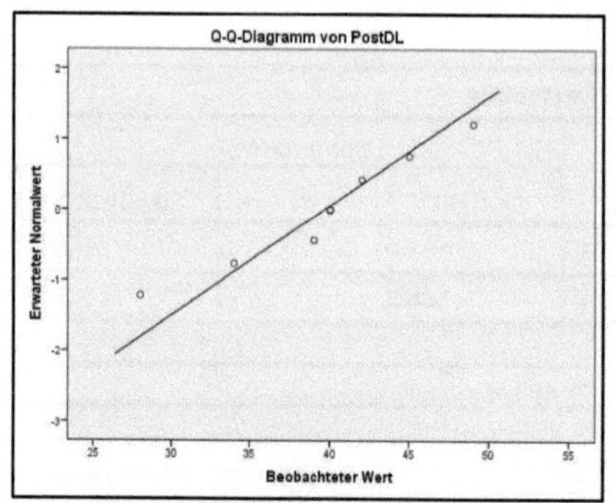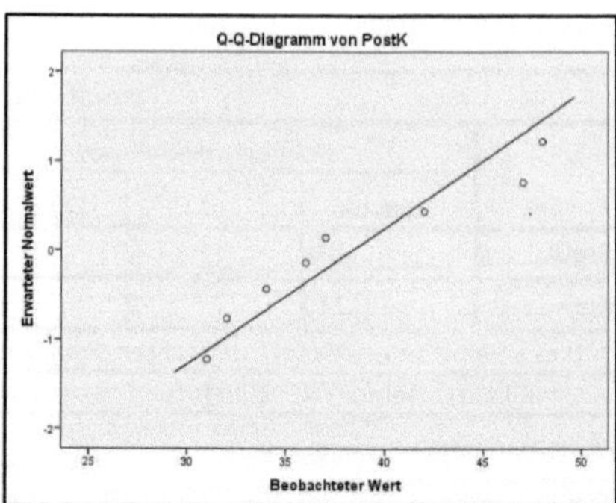

Abb. 21 (links) und Abb. 22 (rechts): Q-Q-Diagramm zur Veranschaulichung der Normalverteilung der Posttests auf Basis von Anlage 1

Tabelle 4 zeigt den Vergleich der Mittelwerte zwischen beiden Pretests. Dabei ist wie beschrieben zu beachten, dass es sich um den Mittelwert einer gesamten Probandengruppe handelt.

Tab. 4: Vergleich der beiden Pretests in Hinblick auf die signifikanten Unterschiede.

		Test bei unabhängigen Stichproben							
		Levene-Test der Varianz-gleichheit		T-Test für die Mittelwertgleichheit					
						Sig. (2-seitig)	Mit. Dif.	Standardfehler der Differenz	95% Konfidenzintervall der Differenz	
		F	Signifikanz	T	df				Untere	Obere
Pre-tests	Varianzen sind gleich	,206	,657	-,486	14	,634	-1,750	3,597	-9,466	5,966
	Varianzen sind nicht gleich			-,486	13,978	,634	-1,750	3,597	-9,467	5,967

Wie angemerkt ist die Probandenanzahl, gerade verteilt auf die zwei Gruppen, für eine Überprüfung der Signifikanz zwischen den Tests sehr klein und die Annahme begründet bezüglich sich der Normalverteilung des Pretests der (d)-Gruppe auf kritischen Werten. Für die Bestätigung der Ergebniswerte bietet sich diesbezüglich der Mann-Whitney-U-Test als nichtparametrische Tests an (Universität Zürich, 2010a; Rasch et al., 2006). Die Ergebnisse zeigen sich in Abbildung 23 und erhärten die Annahme einer Normalverteilung.

Hypothesentestübersicht

	Nullhypothese	Test	Sig.	Entscheidung
1	Die Verteilung von Pretests ist über die Kategorien von Gruppe identisch.	Mann-Whitney-U-Test bei unabhängigen Stichproben	,181[1]	Nullhypothese beibehalten

Asymptotische Signifikanzen werden angezeigt. Das Signifikanzniveau i 05.

[1] Für diesen Test wird die exakte Signifikanz angezeigt.

Abb. 23: Ergebnis des Mann-Whitney-U-Tests bezogen auf die Signifikanz zwischen den Pretests.

Aus den folgenden einzusehenden Tabellen 5 bis 7 lassen sich die Veränderungen der Mittelwerte und die Signifikanz vom Pretest zum Posttest für die Gruppe ableiten, die nach Gesichtspunkten des DL trainierte.

Tab. 5: Signifikanz in Bezug auf die Entwicklung der Mittelwerte zwischen Pre-, Post- und Retention-Test der (d)-Gruppe.

Paarweise Vergleiche						
Maß: MEASURE_1						
(I)Faktor1	(J)Faktor1	Mittlere Differenz (I-J)	Standardfehler	Sig.[a]	95% Konfidenzintervall für die Differenz[a] Untergrenze	Obergrenze
1	2	-4,250	2,534	,412	-12,174	3,674
	3	-2,000	2,449	1,000	-9,661	5,661
2	1	4,250	2,534	,412	-3,674	12,174
	3	2,250	2,658	1,000	-6,062	10,562
3	1	2,000	2,449	1,000	-5,661	9,661
	2	-2,250	2,658	1,000	-10,562	6,062
Basiert auf den geschätzten Randmitteln						
a. Anpassung für Mehrfachvergleiche: Bonferroni.						

Tab. 6: Mauchly-Test auf Sphärizität zur weiteren Untersuchung der Test-Signifikanz der (d)-Gruppe.

Mauchly-Test auf Sphärizität[a]

Maß: MEASURE_1

Innersubjekteffekt	Mauchly-W	Approx. Chi-Quadrat	df	Sig.	Epsilon[b]		
					Greenhouse-Geisser	Huynh-Feldt	Untergrenze
Faktor1	,991	,055	2	,973	,991	1,000	,500

Prüft die Nullhypothese, dass sich die Fehlerkovarianz-Matrix der orthonormalisierten transformierten abhängigen Variablen proportional zur Einheitsmatrix verhält.

a. Design: Konstanter Term
 Innersubjektdesign: Faktor1

b. Kann zum Korrigieren der Freiheitsgrade für die gemittelten Signifikanztests verwendet werden. In der Tabelle mit den Tests der Effekte innerhalb der Subjekte werden korrigierte Tests angezeigt.

Tab. 7: Tests der Innersubjekteffekte zur weiteren Untersuchung der Test-Signifikanz der (d)-Gruppe.

Tests der Innersubjekteffekte

Maß: MEASURE_1

Quelle		Quadratsumme vom Typ III	df	Mittel der Quadrate	F	Sig.	Partielles Eta-Quadrat	Dezentr. Parameter	Beobachtete Schärfe[a]
Faktor1	Sphärizität angenommen	72,333	2	36,167	1,392	,281	,166	2,785	,250
	Greenhouse-Geisser	72,333	1,982	36,494	1,392	,281	,166	2,760	,248
	Huynh-Feldt	72,333	2,000	36,167	1,392	,281	,166	2,785	,250
	Untergrenze	72,333	1,000	72,333	1,392	,277	,166	1,392	,176
Fehler(Faktor1)	Sphärizität angenommen	363,667	14	25,976					
	Greenhouse-Geisser	363,667	13,874	26,211					
	Huynh-Feldt	363,667	14,000	25,976					
	Untergrenze	363,667	7,000	51,952					

a. Unter Verwendung von Alpha = ,05 berechnet

Die Tabellen 8 bis 10 stellen dieselben Sachverhalte für die (k)-Gruppe dar.

Tab. 8: Signifikanz in Bezug auf die Entwicklung der Mittelwerte zwischen Pre-, Post- und Retention-Test der (k)-Gruppe.

Paarweise Vergleiche						
Maß: MEASURE_1						
(I)Faktor1	(J)Faktor1	Mittlere Differenz (I-J)	Standardfehler	Sig.[a]	95% Konfidenzintervall für die Differenz[a]	
					Untergrenze	Obergrenze
1	2	-1,250	2,852	1,000	-10,170	7,670
	3	-5,000	2,353	,214	-12,359	2,359
2	1	1,250	2,852	1,000	-7,670	10,170
	3	-3,750	2,016	,315	-10,054	2,554
3	1	5,000	2,353	,214	-2,359	12,359
	2	3,750	2,016	,315	-2,554	10,054
Basiert auf den geschätzten Randmitteln						
a. Anpassung für Mehrfachvergleiche: Bonferroni.						

Tab. 9: Mauchly-Test auf Sphärizität zur weiteren Untersuchung der Test-Signifikanz der (k)-Gruppe.

Mauchly-Test auf Sphärizität[a]							
Maß: MEASURE_1							
					Epsilon[b]		
Innersubjekteffekt	Mauchly-W	Approx. Chi-Quadrat	df	Sig.	Greenhouse-Geisser	Huynh-Feldt	Untergrenze
Faktor1	,838	1,062	2	,588	,860	1,000	,500
Prüft die Nullhypothese, daß sich die Fehlerkovarianz-Matrix der orthonormalisierten transformierten abhängigen Variablen proportional zur Einheitsmatrix verhält.							
a. Design: Konstanter Term Innersubjektdesign: Faktor1							
b. Kann zum Korrigieren der Freiheitsgrade für die gemittelten Signifikanztests verwendet werden. In der Tabelle mit den Tests der Effekte innerhalb der Subjekte werden korrigierte Tests angezeigt.							

Tab. 10: Tests der Innersubjekteffekte zur weiteren Untersuchung der Test-Signifikanz der (k)-Gruppe.

Tests der Innersubjekteffekte									
Maß: MEASURE_1									
Quelle		Quadratsumme vom Typ III	df	Mittel der Quadrate	F	Sig.	Partielles Eta-Quadrat	Dezentr. Parameter	Beobachtete Schärfe[a]
Faktor1	Sphärizität angenommen	108,333	2	54,167	2,291	,138	,247	4,582	,387
	Greenhouse-Geisser	108,333	1,721	62,952	2,291	,148	,247	3,943	,354
	Huynh-Feldt	108,333	2,000	54,167	2,291	,138	,247	4,582	,387
	Untergrenze	108,333	1,000	108,333	2,291	,174	,247	2,291	,259
Fehler(Faktor1)	Sphärizität angenommen	331,000	14	23,643					
	Greenhouse-Geisser	331,000	12,046	27,477					
	Huynh-Feldt	331,000	14,000	23,643					
	Untergrenze	331,000	7,000	47,286					
a. Unter Verwendung von Alpha = ,05 berechnet									

In der (d)-Gruppe verbesserten sich sechs Sportler, in der (k)-Gruppe lediglich drei. Die weiteren zwei Sportler der (d)-Gruppe konnten das Leistungsniveau halten bzw. verschlechterten sich im Vergleich zum Pre-Test leicht. In der (k)-Gruppe erzielten dagegen fünf von acht Probanden schwächere Ergebnisse und es verbesserten sich nur drei Spieler.

3.2.2. Auswertung

Im Voraus der nun weiterfolgenden Analyseschritte ist zu bedenken, dass die allgemeine Stichprobe mit 16 Probanden, wiederum aufgeteilt in zwei separate Gruppen mit jeweils acht Spielern relativ klein für solch ein Vorhaben ist. Es lassen sich somit nicht grundlegende Erkenntnisse für den Forschungsansatz finden, jedoch Indizien aufdecken, auf Basis derer weiterführende Forschungen und Hypothesenüberprüfungen möglich sind. Die Schlussfolgerungen welche die ermittelten Werte zulassen, werden nun im Anschluss dargelegt.

Grundlegend geht mit den Fähigkeiten und Fertigkeiten der Gruppe ein typisches Leistungsgefälle einher, welches sich ebenfalls durch die Ergebnisse später nachvollziehen lässt.

Zunächst werden in den unteren Abbildung 24 die Ergebnisse hinsichtlich der Mittelwertentwicklung von Pre-, Post- und Retention-Test aus Gründen der Anschaulichkeit grafisch dargestellt und analysiert. Hierbei handelt es sich wie zuvor angedeutet (Vgl. Kapitel 3.2.1.) um die Mittelwerte der gesamte (d)- und (k)-Gruppe. Die Werte der Sinnhaftigkeit wegen auf eine Dezimalstelle mathematisch gerundet.

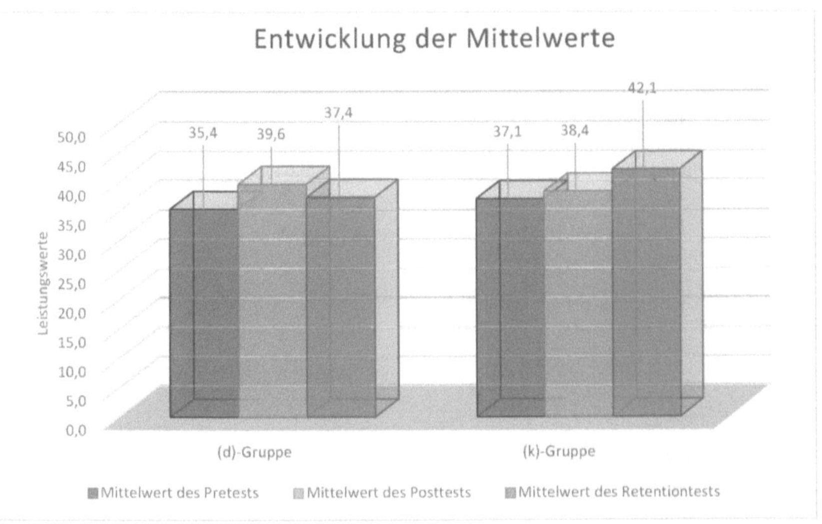

Abb. 24: Entwicklung der Mittelwerte der (d)- und (k)-Gruppen von Pretest, Posttest und Retention-Test.

Diese Darstellung und damit verbunden die Testergebnisse zeigen, dass sich beide Gruppen nach der Treatment-Phase in ihren Leistungen verbessern konnten. Die Leistungsverbesserung der (d)-Gruppe fällt dabei höher aus als die der (k)-Gruppe. Die Auswertung der Testdaten zur Signifikanz zeigen jedoch, dass keine der Gruppe entscheidend verbessern konnte.

Bei den Retention-Tests erzielte die (k)-Gruppe eine weitere Leistungssteigerung, wogegen die Probanden der (d)-Gruppe sich minimal verschlechterten. Beide Gruppen zeigten keine Signifikanz in den Veränderungen.

Die Mittelwerte der Standardabweichung der einzelnen Probanden in einer Gruppe veränderten sich bei beiden Gruppen zum Positiven. Abbildung 25 weist nach, dass die Verbesserung bei der (d)-Gruppe stärker ausfiel als bei der (k)-Gruppe.

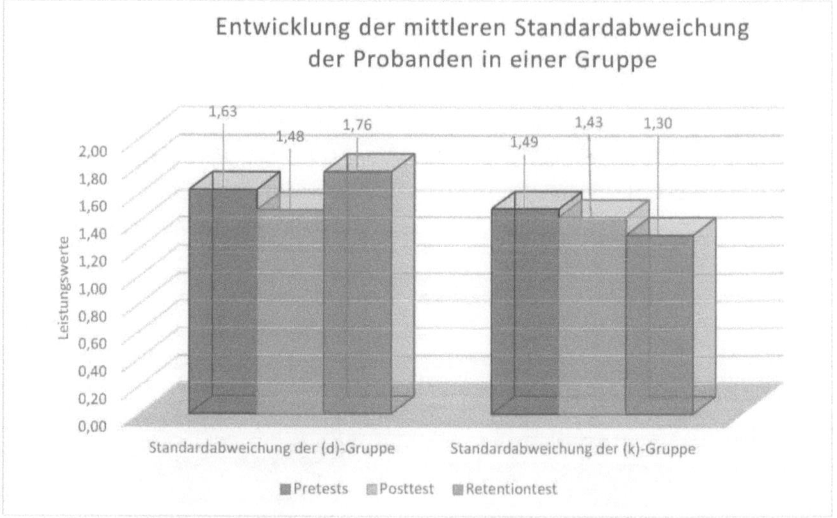

Abb. 25: Entwicklung der mittl. Standardabweichung der Probanden einer Gruppe auf Grundlage der Daten aus Anlage 1.

Weiterhin lassen die Daten erkennen, dass sich vor allem verhältnismäßig leistungsschwache Probanden, unabhängig von der Art des Treatments, stark und in den beiden Fällen auch signifikant verbessern konnten, wogegen bei Spielern mit durchschnittlichen oder überdurchschnittlichen Werten überwiegend nur leichte Leistungszuwachse vorliegen bzw. diese Spieler sich auch verschlechterten (Vgl. Anlage 1).

Exemplarisch hierfür gibt die Abbildung 26 zwei Einzelfälle grafisch wieder. Der Mittelwert entspricht hier der Anzahl der erreichten Punkte.

Dennoch muss eine Verbesserung der Passgenauigkeit nicht mit einer Bewegungssicherheit einhergehen, wie die Veränderung der Standardabweichung für beide Einzelfälle in Abbildung 27 deutlich macht. Das DL war, gemessen an diesem Beispiel, ähnlich effektiv und beim Retention-Test konnte der Proband seine Leistungen in der Passgenauigkeit weiter verbessern. Die Bewegungssicherheit erhöhte sich ebenfalls kontinuierlich. Der Leistungsanstieg des Probanden der (k)-Gruppe fiel noch höher aus und seine Ergebnisse des Retention-Tests schließen auf eine Stabilisierung der Leistung. Er jedoch zeigte nach dem letzten Test eine verschlechterte Bewegungssicherheit.

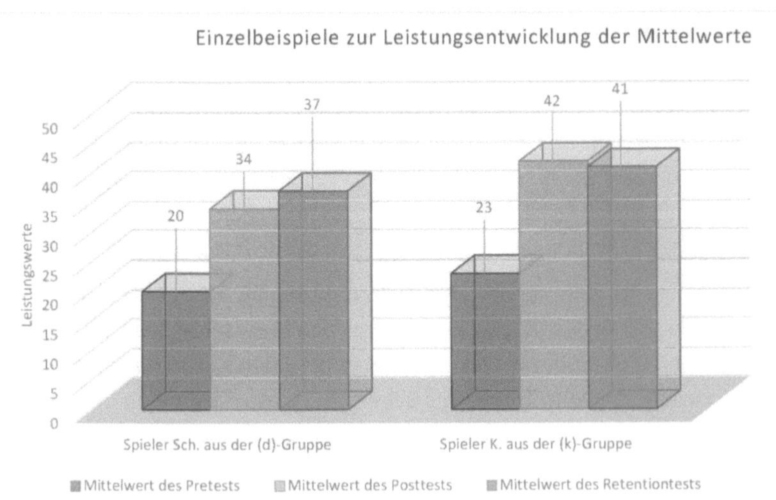

Abb. 26: Ausgewählte Einzelbeispiele zur Leistungsentwicklung der Mittelwerte auf Grundlage der Daten aus Anlage 1.

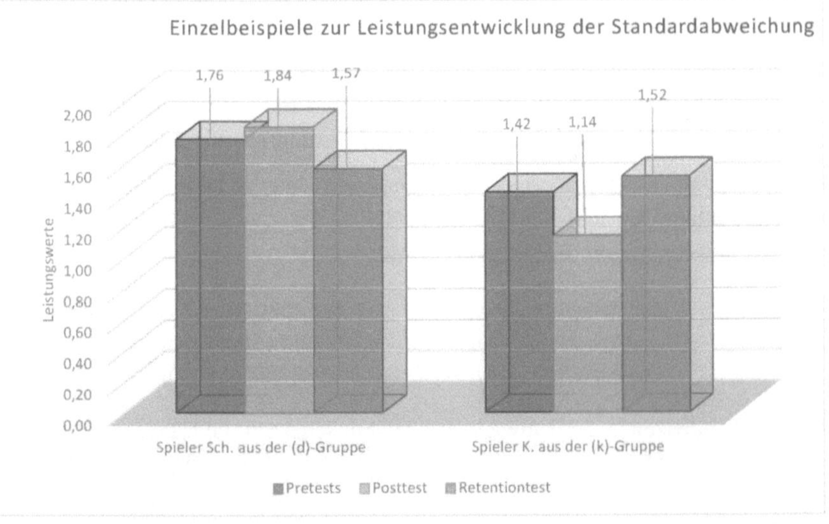

Abb. 27: Ausgewählte Einzelbeispiele zur Leistungsentwicklung der Standardabweichung auf Grundlage der Daten aus Anlage 1.

Durch die statistische Auswertung lässt sich schlussfolgern, dass die (d)-Gruppe nach der Treatment-Phase eine höhere Bewegungssicherheit und Flexibilität sowie Passgenauigkeit als die (k)-Gruppe besitzt. Zudem konnte sie ihre Leistungen im größeren Umfang steigern. Losgelöst von der Art des Treatments profitierten vor allem leistungsschwächere Sportler von der Übungsphase, indem sie deutliche Verbesserungen in der Passgenauigkeit und teilweise auch in der Bewegungssicherheit zeigten.

Nach der Auswertung des Retention-Tests verfestigt sich der Eindruck, dass beide Treatments für eine Stabilität der Leistungsveränderung sorgen. Der Aufwand um die Bewegungssicherheit bei zuvor leistungsschwächeren Spielern zu erhalten, scheint bei der Anwendung des DL in der Treatment-Phase geringer zu sein.

Betrachtet man die aufgestellten Hypothesen zu Beginn dieser Arbeit, welche sich auf die Wirksamkeit des DL im Gegensatz zu den klassischen Trainingsmethoden beziehen, sind die erhobenen Daten Anhaltspunkte dafür, dass das DL eine effektive Alternative darstellt. Hierbei bezieht sich die Aussage allein auf das Techniktraining und nicht auf andere Leistungsfaktoren der Sportart Fußball.

Die Ergebnisse zeigten zwar einen Leistungsanstieg beider Gruppen hinsichtlich Passgenauigkeit und Bewegungssicherheit, dennoch sind im Vergleich zu den ursprünglichen Werten vor Beginn der Treatment-Phase keine signifikanten Leistungszuwachse zu verzeichnen. Die erste These lässt sich demnach zumindest teilweise bestätigen.

These 2 lässt sich insofern verifizieren, als dass die Gruppe die mithilfe des DL ihre Passtechnik in Hinblick auf Genauigkeit und Bewegungssicherheit zu verbessern versuchte, tatsächlich einen höheren Leistungsanstieg erlangte.

In Verbindung zu den bisherigen, sehr ähnlichen Untersuchung können der Vermutung Sechelmann und Schöllhorns (2003, S. 138) weitere Datenerhebungen und Schlussfolgerungen zugestanden werden:

> „Die stärkere Betonung der Variationen (Differenzen) führt zu einer Abnahme der Streuung in Wettkampfsituationen bei gleichzeitiger Zunahme der Passgenauigkeit (adäquate individuelle Verfügbarkeit)."

Da sich Tendenzen in der Entwicklung zeigen, scheinen die Länge des Untersuchungszeitraums angemessen und die methodischen sowie inhaltlichen Maßnahmen folgerichtig gewählt worden zu sein. Auch die institutionellen Voraussetzungen waren bei der Durchführung des Tests nicht überdurchschnittlich problematisch. Zumeist benötigte man für die Durchführung der Interventionen ein standardisiertes Halbfeld eines genormten Großfeld-Kunstrasenplatzes bzw. teilweise weniger Platz und nur wenige weitere Trainingsmaterialien, um die Trainingsplanung umzusetzen.

Das Alter der Spieler erschien passend, da keine besonderen Motivationsprobleme in der Durchführung der Einheiten auftraten. Folgerichtig kann das Forschungsbeispiel gegebenenfalls noch mit einer jüngeren Probandengruppe durchgeführt werden. Einzig die Anwesenheit in den einzelnen Trainingseinheiten schwankte etwas und lässt keine immerwährende Periodisierung der Trainingsarbeit zu. Zwar handelte es sich um eine leistungsorientierte Trainingsgruppe, jedoch liegt der Anwesenheit kein „Zwang" wie bspw. im Schulbesuch und der damit verbundenen Teilnahme am Sportunterricht zugrunde. Mit entsprechenden Kapazitäten ließe sich die Studie dort umsetzen.

Inwiefern der Trainingseffekt des durchgeführten Tests Einfluss auf die Leistungen hat, ist ebenfalls fraglich. Hierfür müsste man gegebenenfalls ein weiteres ähnliches Testverfahren konstruieren, welches den gleichen Sachverhalt prüft. Dies könnte den Einfluss der Testwiederholung ausschließen.

Ein großes Manko stellt die stark unzureichende Anzahl an Publikationen dar, welche sich mit Trainingsinhalten des DL und deren Umsetzung befasst. Zwar lassen sich aus den Empfehlungen zum Torschuss Strukturen in der Trainingsplanung ableiten, doch basieren diese nicht auf einer wissenschaftlichen Empirie und „scheinen" nur adäquat einsetzbar.

Auf Seiten der klassischen Trainingsmethoden liegt dieses Problem nicht vor, allerdings gilt es eben deren Wirksamkeit und Aktualität durch das Auseinandersetzen mit dem DL zu überprüfen.

Aufgrund der kleinen Probandengruppe lassen sich trotz alledem nur Indizien diesbezüglich festhalten, welche zur grundlegenden Bestätigung weiterführende Untersuchungen mit einer weitaus höheren Teilnehmerzahl benötigt.

4. Zusammenfassung und Ausblick

Die Aufarbeitung der wissenschaftlichen Modellerklärungen und theoretischen Annahmen macht deutlich, wie differenziert und methodisch substantiell unterschiedlich das Erlernen einer Bewegung im Allgemeinen und einer Technik im Bereich des Sports im Speziellen erfasst und beschrieben werden kann. Das DL ordnet sich in die Reihe der bewegungswissenschaftlichen Erklärungsansätze ein, betont konkret die Individualität des Lernenden und scheint hierbei gerade im Bereich der früheren sportlichen Entwicklung, somiz im sozialen Nahraum der Schule, einen sehr wichtigen Aspekt zu berücksichtigen. Die Ergebnisse zeigen, dass hier explizit leistungsschwächere SuS, die in einem Themenfeld wenige Erfahrungen besitzen, gefördert und gefordert werden können, zumal in der Entstehung der Stundeninhalte partizipiert werden kann. Unter motivationalen Gesichtspunkten ist der Einsatz des DL in hohem Maße zu empfehlen, da der Lehrende anhand seiner Fehler nicht kritisiert wird, sondern ein Großteil der Abweichungen von der vermeintlichen Idealtechnik, einer eigene, entstehende Technikart zugeschrieben werden kann.

Die derzeitige Studiengrundlage im leistungsorientierten Breitensport oder Leistungssport veranschaulicht, dass dieses Konzept auch an dieser Stelle kurz- und mittelfristig Lern- und Leistungsfortschritte generiert. Gerade das Ziel hinzu einer adäquaten Reaktion des Sportlers auf etwas Neues in einer Wettkampfsituation wird zum essentiellen Faktor in den Spielsportarten, bei denen im Leistungsbereich im Rahmen der Periodisierung auch die Zeit des genauen Einschleifens einer Technik, in all seinen Facetten, fehlen kann.

Die Umsetzbarkeit des DL hinsichtlich des organisatorischen Aufwands und den institutionellen Voraussetzungen ist in jedwedem Tätigkeitsfeld scheinbar unproblematisch zu bewirken. Altersspezifisch gibt es nur wenige Einschränkungen in der Anwendung, wenngleich ein reines oder zumindest vermehrtes Techniktraining bspw. im Fußball konkret erst in den letzten Grundschuljahren eines Sportlers angeraten wird (Peter, 2005).

Damit macht es sich im Vergleich zu den bisherigen, klassischen bzw. traditionellen Trainingsmethoden zu einer ebenbürtigen Alternative. Schöllhorn (2010, S. 14) bekräftigt dazu, dass „mit diesem Ansatz des differenziellen Lernens […] nicht der Anspruch eines besten methodischen Weges erhoben, sondern nur eine Alternative zum bisher Bestehenden angeboten" wird. Es grenzt sich dennoch „durch mehr Unschärfe zu mehr Schärfe" (Schöllhorn, 2004, S. 133) führend, klar von anderen Methoden ab.

Die Forschungsergebnisse dieser Arbeit bedingt durch die Probandengröße und Untersuchungsdauer ansatzweise auf einen nur bedingten Einsatz des DL bei leistungsstärkeren Probanden aufmerksam, welche ihre Leistungen nur marginal verbesserten. Daher scheint die Effektivität des Konzepts im Falle einer verhältnismäßig höher entwickelten Fertigkeit bezogen auf eine Technik eingeschränkt. Gleichwohl bedarf es dieser Annahme ebenfalls weiterer Untersuchungen in unterschiedlichen Leistungsbereichen und innerhalb dieser auf verschiedenen Leistungsniveaus.

Da gerade variantenreichen Spielformen im Trainingsalltag eine entscheidende Rolle zugeschrieben wird, in denen die Techniken entsprechend eingesetzt werden müssen, kommt der Gestaltung dieser, als praktische Konsequenz in der Trainingsplanung, eine elementare Bedeutung zu. Dem Problem der trainingsbezogenen Umsetzung muss an erster Stelle Abhilfe geschaffen werden, da die meisten und auch sehr wenigen Trainingskonzeptionen auf dem Ausprobieren einzelner Interessenten beruhen. In den Publikationen sind diese inhaltlichen Schritte zudem nicht einmal annähernd konkretisiert.

Anzumerken ist außerdem, dass aufgrund von Schöllhorns weitestgehend grundlegender Erstforschung viele wissenschaftliche Nachweise auf seinen Ansichten beruhen, wodurch die angesprochene inhaltliche Auseinandersetzung und Differenzierung mit Hilfe anderer Autoren und Literatur nur bedingt möglich ist. Insbesondere Schöllhorn, Eekhoff und Hegen (2015) weisen allerdings auf diesen Sachverhalt konkret hin. Bestärkt wird diese Tatsache, dass durch das Veröffentlichen entsprechender Publikationen mit dem Beginn der Jahrtausendwende diese theoretische Basis verhältnismäßig neu ist. Somit bleiben Forschungsfragen nach der langfristigen Wirksamkeit des DL, detaillierten Konzeptionen im Trainingsalltag und Umsetzbarkeit in weiteren Tätigkeitsfeldern bisher unbeantwortet und bedürfen einer konkreten Auseinandersetzung mit umfangreichen Probandengruppen. Gleichwohl geben die bisherigen Forschungsergebnisse, zu denen die in dieser Arbeit erzielten Schlussfolgerungen als ergänzend angesehen werden können, einen Eindruck, welches Potenzial das DL birgt und schaffen weiterhin Nährboden für eine konstruktive Auseinandersetzung mit den verbreiteten und derweil mitunter auch antiquierten, gleichsam immer noch wirkungsvollen, Trainingsmethoden der vergangenen Jahrzehnte.

Literatur

Adams, J. A. (1976). Issues for a closed-loop theory of motor learning. In G. E. Stelmach (Hrsg.), *Motor control issues and trends* (S. 87 – 107). New York [u.a.]: Academic Press.

Albrecht, S. (2009). Differenzielles Lernen in der Musik – Lösungsorientiertes Üben für Flötisten. In M. Krüger, N. Neuber, M. Brach, & K. Reinhart (Hrsg.), *Bildungspotenziale im Sport* (S. 289). Hamburg: Czwalina.

Ashby, R. (1956). *An Introduction to Cybernetics*. Chapman & Hall: London.

Auras, T. (2009). Differenzielles Lernen - ein Ansatz für den Grundschulsport? *Sportpädagogik, 33* (5), 39 – 41.

Beckmann H. & Gotzes D. (2009). Differenzielles Lehren und Lernen in der Leichtathletik. Ein Sprintexperiment im Sportunterricht. *Sportunterricht, 58 (2)*, 46 – 48.

Beckmann, H. & Schöllhorn, W. I. (2003). Differencial learning in shot put. In W. I. Schöllhorn, C. Bohn, J. M. Jäger, H. Schaper & M. Alichmann (Hrsg.), *1st European Workshop on Movement Science. Book of Abstracts* (S. 68). Köln: Strauß.

Beckmann, H., Welminski, D. & Schöllhorn, W. I. (2008). Differenzielles Lernen in der Leichtathletik – Techniktraining in der Leichtathletik. In D. Lühnenschloß & P. Wastl (Hrsg.), *Quo vadis olympische Leichtathletik?* (S.195 – 208). Hamburg: Czwalina.

Beckmann, H. & Schöllhorn, W. I. (2006). Differenzielles Lernen im Kugelstoßen. *Leistungssport, 36* (4), 44-50.

Berliner Fußball Verband (Hrsg.). (2014, 17. Juli). *Amtliche Mitteilungen 3/Saison 2014/2015.* Zugriff am 31. November 2015 unter http://berliner-fussball.de/fileadmin/Dateiablage/public/Amtliche_Mitteilung/1415-03.pdf

Bernstein, N. A. (1975). Bewegungsphysiologie. In L. Pickenhain & G. Schnabel (Hrsg.), *Sportmedizinische Schriftenreihe der Deutschen Hochschule für Körperkultur*, 9, Leipzig: Ambrosius Barth

Bertalanffy, v. L. (1969). *General System Theory.* New York: George Braziller.

Birklbauer, J. (2006). *Modelle der Motorik. Eine vergleichende Analyse moderner Kontroll-, Steuerungs- und Lernkonzepte* (2. Aufl.). Aachen: Meyer & Meyer.

Bisanz, G. & Vieth, N. (2000): *Fußball von Morgen 2. Leistungstraining für B-/A-Junioren und Amateure*. Münster: Philippka-Sportverlag.

Bisanz, G & Vieth, N. (2001). *Fußball von Morgen 1. Grundlagen- und Aufbautraining* (5. Aufl.). Münster: Philippka-Sportverlag.

Braun, S. (2011). *Ehrenamtliches und freiwilliges Engagement im Sport. Sportbezogene Sonderauswertung der Freiwilligensurveys von 1999, 2004 und 2009*. (1.Aufl.). Köln: Sportverlag Strauß.

Breuer, C. (2007). *Sportentwicklungsbericht 2005/2006. Analyse zur Situation der Sportvereine in Deutschland*. Köln: Sportverlag Strauß.

Breuer, C. & Feiler, S. (2015). *Sportentwicklungsbericht 2013/2014 - Analyse zur Situation der Sportvereine in Deutschland – Kurzfassung*. Köln: Sportverlag Strauß.

Brogan, D. R. & Kutner, H. (1980). Comparative Analyses of Pretest-Posttest Research Designs. *The American Statistician, 34* (4), 229 – 232.

Bund, A. (2002). *Unveröffentlichtes Skript zum Seminar Motorisches Lernen*. Georg-August-Universtät Göttingen.

Daugs, R. & Blischke, K. (1996). Sportliche Bewegung zwischen Kognition und Motorik. In R. Daugs, K. Blischke, F. Marschall & H. Müller (Hrsg.), *Steuer- und Regelvorgänge der menschlichen Motorik*. (Schriften der Deutschen Vereinigung für Sportwissenschaften, 73, S. 13 – 35). Hamburg: Czwalina.

Deutscher Fußball-Bund (o.J.). *Methodische Reihe 3: Passen*. Unveröffentl. Lehrgangsunterlagen zum Lehrgang der C-Breitensport-Lizenz des Berliner Fußball Verbandes.

Deutscher Fußball-Bund (2006). Training des Passens und der Ballkontrolle [Themenheft], *Broschürenreihe zur Talentförderung des Deutschen Fussball-Bundes, 6*.

Deutscher Fußball-Bund (2014). *Ehrenamt*. Zugriff am 31. November 2015 unter
http://www.dfb.de/ehrenamt/

Emrich, E. & Pitsch, W. (1998). Die Qualitätserhöhung als entscheidende Größe des modernen Nachwuchsleitungssport, *Leistungssport, 28* (6), 5 – 11.

FernUniversität Hagen (2003). *Wilcoxon-Rangsummen-Test*. Zugriff am 13. Februar 2016 unter http://www.fernuni-hagen.de/ksw/neuestatistik/content/files/modul_32935.pdf

Fetz, F. (1979). *Allgemeine Methodik der Leibesübungen* (8. Aufl.) Bad Homburg: Limpert.

Haken, H., Kelso, J. A. S. & Bunz, H. (1985). A theoretical model of phase transitions in human hand movements. *Biological Cybernetics, 51*, 347 – 356.

Hegen, P. & Schöllhorn, W. I. (2012a), Gleichzeitig in verschiedenen Bereichen besser werden, ohne zu wiederholen? Paralleles differenzielles Training von zwei Techniken im Fußball, *Leistungssport*, 42 (3), 17 – 23.

Hegen, P. & Schöllhorn, W.I. (2012b), Lernen an Unterschieden und nicht durch Wiederholung, *Fussballtraining, 30* (3), 30 – 37.

Heuer, H. & Konczak, J. (2003). Bewegungsteuerung – Bewegungskoordination. In H. Mechling, J. Munzert & K. Blischke (Hrsg.), *Handbuch Bewegungswissenschaft – Bewegungslehre* (Beiträge zur Lehre und Forschung im Sport, 141, S. 105 - 129). Schorndorf: Hofmann.

Hossner, E. - J. & Künzell, S. (2003). Motorisches Lernen. In H. Mechling & J. Munzert (Hrsg.), *Handbuch Bewegungswissenschaft - Bewegungslehre* (S. 131 – 153). Schorndorf: Hofmann.

Humpert, V. & Schöllhorn, W. I. (2006). Vergleich von Techniktrainingsansätzen zum Tennisaufschlag. In A. Ferrauti & H. Remmert (Hrsg.), *Trainingswissenschaft im Freizeitsport* (S. 121 – 124). Hamburg: Czwalina.

Jaitner, T., Kretschmar, D. & Hellstern, W. (2003). Changes of movement pattern and hurdle performance following traditional and differencial hurdle training. In E. Müller, H. Schwameder, G. Zallinger & V. Fastenbauer (Hrsg.), *Proceedings of the 8th annual congress European College of Sport Science* (S. 224). Salzburg, Austria.

Keele, S. W. (1986). Motor control. In L. Kaufmann, J. Thomas & K. Boff (Hrsg.), *Handbook of perception and performance*. New York: Wiley.

Kelso, J. A. S. (1997). *Dynamic patterns. The self-organization of brain and behavior*. Massachusetts: MIT Press.

Kiphard, E.J. & Schilling, F. (2007). *Körperkoordinationstest für Kinder* (2. Aufl.). Göttingen: Hogrefe.

Kißmann, M., Beckmann H. & Michelbrink M. (2009). Reflexionen über den Einsatz des Differenziellen Lehrens und Lernens im Sportunterricht. *Sportunterricht, 58* (2), 51 – 54.

Krömer, U. (2015). „Die Theorie ist die eine Seite, die Umsetzung die anderen!", *Fussballtraining, 33* (11), 6 – 13.

Künzell, S. & Hossner, E. J. (2012) Differenzielles Lernen: eine Kritik. *Sportwissenschaft* (42), 83-95.

Latash, M. L. (1993). *Control of human movement.* Champaign: Human Kinetics.

Lehnertz, K. (1991). Techniktraining. In H. Rieder & K. Lehnertz (Hrsg.), *Bewegungslernen und Techniktraining.* (Studienbrief der Trainerakademie Köln des Deutschen Sportbundes, 21, S. 105 – 195). Schorndorf: Hofmann.

Letzelter, M. (1979). *Trainingsgrundlagen.* Reinbek: Rowohlt.

Lippold, T., Schöllhorn, W. I., Bohn, C., Schaper, H., Perl, J., Hillebrand, T. (2003). Differenzielles Training im leichtathletischen Sprint – Strukturierung von Sprintkoordinationsübungen mit Simulation und Optimierung eines Trainingsprozesses. In Bundesinstitut für Sportwissenschaft (Hrsg.), *BISp Jahrbuch 2003* (S. 276 – 274). Bonn: Bundesinstitut für Sportwissenschaft.

Loosch, E. (1999). *Allgemeine Bewegungslehre.* Wiebelsheim: Limpert.

Meinel, K. & Schnabel, G. (1998). *Bewegungslehre – Sportmotorik* (9. Aufl.). Berlin: Sportverlag.

Meinel, K. & Schnabel, G. (2007). *Bewegungslehre - Sportmotorik. Abriss einer Theorie der sportlichen Motorik unter pädagogischem Aspekt* (11. Aufl.). Aachen: Meyer & Meyer.

Müller, H. (1991). Zur Reichweite fourieranalytischer Konzepte für Bewegungsrepräsentationen. In R. Daugs, H. Mechling, K. Blischke & N. Olivier (Hrsg.), *Sportmotorisches Lernen und Techniktraining* (Schriftenreihe des Bundesinstituts für Sportwissenschaft, 76, S. 177 – 181). Schorndorf: Hofmann.

Nitsch, J. R. & Neumaier, A. (1997). Interdisziplinäres Grundverständnis von „Training" und „Techniktraining". In J. R. Nitsch, A. Neumaier, H. de Marées & J. Mester (Hrsg.), *Techniktraining. Beiträge zu einem interdisziplinären Ansatz* (S. 37 – 49). Schorndorf: Hofmann.

Olivier, N. & Rockmann, U. (2003). *Grundlagen der Bewegungswissenschaft und –lehre*. Schorndorf: Hofmann.

Peter, R. (2005). *Fußball von morgen 1. Kinderfussball*. Münster: Philippka-Sportverlag.

Peter, R. (2007). *Fußball von morgen 4. Modernes Verteidigen – Stellenwert, Methodik und Strategie des ballorientierten Abwehrspiels* (2. Aufl.). Münster: Philippka-Sportverlag.

Pfeiffer, M. & Jaitner, T. (2003): Sprungkraft im Nachwuchstraining Handball - Training und Diagnose. *Zeitschrift für angewandte Trainingswissenschaft, 10* (1), 86 – 95.

Pöhlmann, R. (1986). *Motorisches Lernen – Psychologische Grundlagen der Handlungsregulation sowie Lernprozeßgestaltung im Sport*. Berlin: Volk und Wissen.

Rasch, B., Friese, M., Hofmann, W. J. & Naumann, E. (2010). *Quantitative Methoden. Band 1* (3. Aufl.). Heidelberg: Springer.

Rausch, A. (2009). Differenzielles Lernen im Weitsprung in zwei 9er Realschulklassen. In M. Krüger, N. Neuber, M. Brach, & K. Reinhart (Hrsg.), *Bildungspotenziale im Sport* (S. 287 – 288). Hamburg: Czwalina.

Rieder, H. (1991). Bewegungslernen. In H. Rieder & K. Lehnertz (Hrsg.), *Bewegungslernen und Techniktraining*. (Studienbrief der Trainerakadamie Köln des Deutschen Sportbundes, 21, S. 7 – 103). Schorndorf: Hofmann.

Römer J., Schöllhorn W. I., Jaitner T., Preiss R. (2009). Differenzielles Lernen im Volleyball. Ein Unterrichtsvorhaben zur Verbesserung der Annahme, *Sportunterricht, 58* (2), 41-45.

Rossi, P.H., Freeman, H.E. & Lipsey, M.W. (1999). *Evaluation: A systematic approach* (6. Aufl.). London: Sage Publication.

Röttger, E. - M., Janssen, D. & Schöllhorn W. I. (2009). Training koordinativer Fähigkeiten im Schulsport - ein empirischer Vergleich zwischen kooperativem und differenziellem Lernansatz, *Sportunterricht, 58* (9), 259-263.

Schmidt, R.A. (1975). A schema theory of discrete motor skill learning. *Psychological Review, 82,* 225 – 260.

Schmidt, R. A. (1985). The search for invariance in skilled movement behavior. *Research Quarterly for exercise and Sport, 56,* 188 – 200.

Schmidt, R.A. (1988). *Motor Control and Learning - A behavioral Emphasis*. Champaign: Human Kinetics.

Schnabel, G. (1987). Bewegungskoordination als Regulation der Bewegungstätigkeit. In K. Meinel & G. Schnabel (Hrsg.), *Bewegungslehre – Sportmotorik* (S. 50 – 89). Berlin: Volk und Wissen.

Schöllhorn, W. I. (1994). Comparison of biomechanical movement patterns by means of orthogonal reference functions. In A. Barabas & G. Fabian (Hrsg.), *Biomechanics in Sports XII* (S. 20 – 24). Budapest.

Schöllhorn, W. I. (1998). *Systemdynamische Betrachtung komplexer Bewegungsmuster im Lernprozess*. Frankfurt/Main: Peter Lang.

Schöllhorn, W. I. (1999). Individualität - ein vernachlässigter Parameter? *Leistungssport, 29* (2), 7-11.

Schöllhorn, W. I. (2003). *Differenzielles Lernen. Eine Sprint- und Laufschule für alle Sportarten*. Aachen: Meyer & Meyer.

Schöllhorn, W. I. (2004). Differenzielles Lehren und Lernen von Bewegung - Durch veränderte Annahmen zu neuen Konsequenzen. In H. Gabler, U. Göhner, & F. Schiebl (Hrsg.), *Zur Vernetzung von Forschung und Lehre in Biomechanik, Sportmotorik und Trainingswissenschaft* (S. 125 - 135). Hamburg: Czwalina.

Schöllhorn, W. I. (2010), Differenzielles Lernen im Schwimmen - eine Alternative? *Schriftenreihe Deutsche Schwimmtrainer – Vereinigung, 31, 7 – 22*.

Schöllhorn, W., Beckmann, H., Eekhoff, A. & Hegen, P. (2013). Differenzielles Lehren und Lernen: (k)eine Kritik - eine Bestätigung - Wahrheit ist die Erfindung eines Lügners (H. v. Förster), *Sportwissenschaft, 43*, 56 – 57.

Schöllhorn W., Beckmann, H., Janssen, D., Michelbrink, M. (2009). Differenzielles Lehren und Lernen im Sport. Ein alternativer Ansatz für einen effektiven Schulsportunterricht. *Sportunterricht, 58* (2), 36 – 40.

Schöllhorn, W.I., Hegen, P. & Eekhoff, A. (2014) Differenzielles Lernen und andere motorische Lerntheorien, *Spectrum der Sportwissenschaft, 2*, 35-55.

Schöllhorn, W., Eekhoff, A. & Hegen, P. (2015). Systemdynamik und differenzielles Lernen, *Sportwissenschaft, 45*, 127 – 137.

Schöllhorn, W. I., Hurth, P. & Kortmann, T. (2007a). Grundlagen des differenziellen Lernens beim alpinen Skifahren. Teil 1: Wissenschaftstheoretische und biomechanische Aspekte des alpinen Skisports. *Leistungssport, 37* (3), 36-41.

Schöllhorn, W. I., Hurth, P. & Kortmann, T. (2007b). Grundlagen des differenziellen Lernens beim alpinen Skifahren. Teil 2: Praktische Konsequenzen aus den biomechanischen Betrachtungen. *Leistungssport, 37* (4), 58-62.

Schöllhorn, W. I., & Paschke, M. (2008). Kreativität fördern. *Volleyballmagazin, 1,* 22-24.

Schöllhorn, W. I., Röber, F., Jaitner, T., Hellstern, W. & Käubler, W. (2001). Discrete and continuous effects of traditional and differential sprint training. In J. Mester, G. King, H. Strüder, E. Tsolakidis, & A. Osterburg (Hrsg.), *Perspectives and Profiles 6th European College on Sports Science Congress* (S. 331). Köln.

Schöllhorn, W. I., Sechelmann, M., Trockel, M., Westers, R. (2004). Nie das Richtige trainieren, um richtig zu spielen. *Leistungssport, 34* (5), 13-17.

Schöner, G. & Kelso, J. A. S. (1988). A dynamic pattern theory of behavioral change. *Journal of theoretical biology, 135,* 501 – 524.

Sechelmann, M. (2002). *Differenzielles Training im Fußballpassspiel.* Unveröffentl. Examensarbeit. Universität Münster.

Sechelmann, M. & Schöllhorn, W. I. (2003). Differenzielles Training im Fußballpassspiel. In J. Krug & T. Müller (Hrsg.), *Messplätze, Messplatztraining, Motorisches Lernen* (S. 134 – 138). Sankt Augustin: Academia.

Singer, R. N. (1985). *Motorisches Lernen und menschliche Leistung.* Bad Homburg: Limpert.

Stadler, M., Vogt, S. & Kruse, P. (1996). Selbstorganisationsansätze in der Bewegungsforschung. In J. P. Janssen, K. Carl, W. Schlicht & A. Wilhelm (Hrsg.), *Synergetik und Systeme im Sport.* (Schriftenreihe des Bundesinstituts für Sportwissenschaft, 84, S. 137 – 156) Schorndorf: Hormann.

Trockel, M. (2002). *Differenzielles Torschusstraining im Fußball.* Unveröffentl. Examensarbeit. Universität Münster.

Universität Zürich (2010a, 2. Dezember). *Mann-Whitney-U-Test.* Zugriff am 10. Februar 2016 unter http://www.methodenberatung.uzh.ch/datenanalyse/unterschiede/zentral/mann .html

Universität Zürich (2010b, 2. Dezember). *Einfaktorielle Varianzanalyse.* Zugriff am 11.Februar 2016 unter http://www.methodenberatung.uzh.ch/datenanalyse/unterschiede/ zentral/evarianz.html

Verchoschanskij, J. V. (1998). Das Ende der Periodisierung. *Leistungssport, 28* (5), 14-19.

Vehof, K., Janssen, D., &Schöllhorn, W. I. (2009). Schreiberwerb in der Primarstufe mit Hilfe des differenziellen Lernansatzes. In M. Krüger, N. Neuber, M. Brach, & K. Reinhart (Hrsg.), *Bildungspotenziale im Sport* (S. 290). Hamburg: Czwalina.

Voigt, S. (1991). Invariantenbildung im Reproduktionsversuch – ein empirirscher Ansatz zu Genese und Struktur bewegungsleitender Repräsentationen. In R. Daugs, H. Mechling, K. Blischke & N. Olivier (Hrsg.), *Sportmotorisches Lernen und Techniktraining.* (Schriftenreihe des Bundesinstituts für Sportwissenschaft, 76, S. 87 – 93). Schorndorf: Hofmann.

Wastl, P. (o.J.a) *Abstract 5 Bewegungen steuern (Motorische Programme).* Zugriff am 09.01.2015 unter http://www.itps.uni-wuppertal.de/fileadmin/itps/Wastl/B-Abstract_05.pdf

Wastl, P. (o.J.b). *Abstract 8 - Anwendungsmöglichkeiten des Differenziellen Lernens im Sport.* Zugriff am 12.11.2015 unter http://www.itps.uni-wuppertal.de/fileadmin/itps/Wastl/B-Abstract_08.pdf

Widmaier, M. (2007) Differenzielles Lernen. Sachgemäßes Üben im Randbereich des Lösungsraums. *Üben und Musizieren, 3,* 48 – 51.

Widmaier, M. (2009). Differenzielles Lernen am Klavier. In M. Krüger, N. Neuber, M. Brach, & K. Reinhart (Hrsg.), *Bildungspotenziale im Sport* (S. 288). Hamburg: Czwalina.

Wiemeyer, J. (2003). Motorisches Lernen – Lernmethoden und Übungsgestaltung. In H. Mechling, J. Munzert & K. Blischke (Hrsg.), *Handbuch Bewegungswissenschaft – Bewegungslehre* (Beiträge zur Lehre und Forschung im Sport, 141, S. 405 - 427). Schorndorf: Hofmann.

Zanone, P. G. & Kelso, J. A. S. (1992). Learning and transfer as dynamical paradigms for behavioral change. In G. E. Stelmach & J. Requin (Hrsg.), *Tutorials in motor behavior* (S. 563 – 582). Amsterdam: Elsevier.

Abbildungsverzeichnis

Tabellenverzeichnis

Anlage 1: Originale Testwerte des Pre-, Post- und Retention-Tests

Testergebnisse (Pre: 02.12.15; Post: 29.01.16; Ret. 19.02.16)

(D) = Differenzielles Lernen   (T) = Traditionelle Lernform

verschlechtert   verbessert   > im Vergleich Pre-/Posttest

Namen anonymisiert

Name	Versuchsergebnisse										
Ni. (D) -9	Summe Pre-Test: 37	0	6	3	3	4	5	5	4	4	3
	Summe Post-Test: 28	3	5	3	5	2	5	0	1	0	4
	Summe Ret.-Test: 37	1	0	5	5	4	6	5	3	2	6
Fi. (D) +11	Summe Pre-Test: 38	5	4	4	6	1	5	1	4	3	5
	Summe Post-Test: 49	6	3	6	6	3	3	5	6	6	5
	Summe Ret.-Test: 36	1	2	3	4	4	6	3	3	5	5
M. (D) +-0	Summe Pre-Test: 45	1	2	5	6	3	5	6	6	5	6
	Summe Post-Test: 45	2	4	5	5	4	5	6	4	5	5
	Summe Ret.-Test: 40	4	4	2	4	5	6	0	5	6	4
R. (D) +8	Summe Pre-Test: 34	5	3	5	1	3	1	5	5	1	5
	Summe Post-Test: 42	5	4	5	5	6	5	3	2	3	4
	Summe Ret.-Test: 34	3	1	6	6	6	5	0	3	4	0
C. (D) +5	Summe Pre-Test: 35	5	5	3	3	5	1	4	0	5	4
	Summe Post-Test: 40	5	0	6	0	2	6	6	6	4	5
	Summe Ret.-Test: 34	5	5	2	6	6	2	5	0	3	0

J. (D) +1	Summe Pre-Test: 38	3	3	3	5	4	2	5	3	5	5
	Summe Post-Test: 39	4	6	1	5	3	3	6	3	4	4
	Summe Ret.-Test: 45	4	5	6	3	5	2	6	5	4	5
Sch. (D) +14	Summe Pre-Test: 20	5	0	3	3	0	2	2	4	1	0
	Summe Post-Test: 34	2	3	2	5	3	0	6	5	5	3
	Summe Ret.-Test: 37	3	4	6	1	6	2	4	4	3	4
Sh. (D) +4	Summe Pre-Test: 36	1	3	5	2	5	4	5	4	3	4
	Summe Post-Test: 40	3	2	4	4	4	4	6	4	5	4
	Summe Ret.-Test: 36	5	3	4	2	4	2	4	4	3	5
Ma. (T) -3	Summe Pre-Test: 34	2	3	2	2	6	5	0	5	6	3
	Summe Post-Test: 31	5	3	3	2	3	4	0	2	6	3
	Summe Ret.-Test: 35	3	3	4	3	4	1	4	5	2	6
Jo. (T) -8	Summe Pre-Test: 45	6	6	6	2	5	5	2	6	3	4
	Summe Post-Test: 37	0	2	5	4	3	5	6	4	3	5
	Summe Ret.-Test: 44	5	3	4	5	6	5	5	3	3	5
No. (T) -2	Summe Pre-Test: 34	0	6	5	4	2	3	4	0	6	4
	Summe Post-Test: 32	1	2	4	0	3	4	4	4	5	5
	Summe Ret.-Test: 45	5	6	3	2	4	4	6	5	5	5
E. (T) -1	Summe Pre-Test: 37	0	3	5	5	4	5	4	3	4	4
	Summe Post-Test: 36	0	5	4	5	4	5	1	5	4	3
	Summe Ret.-Test: 40	2	3	6	5	5	4	5	5	3	2
Luc. (T) +4	Summe Pre-Test: 44	0	3	4	6	6	5	6	4	6	4

	Summe Post-Test: 48	4	3	5	6	1	6	5	6	6	6
	Summe Ret.-Test: 42	6	6	3	5	5	2	3	3	4	5
	Summe Pre-Test: 23	3	2	2	4	1	1	2	0	4	4
K. (T) +19	Summe Post-Test: 42	5	4	6	2	4	4	5	4	5	3
	Summe Ret.-Test: 41	5	4	4	2	4	6	5	5	1	5
	Summe Pre-Test: 36	5	4	0	6	1	2	5	2	5	6
P. (T) -2	Summe Post-Test: 34	2	1	4	5	6	1	4	4	5	2
	Summe Ret.-Test: 41	2	5	5	2	6	4	3	3	6	5
	Summe Pre-Test: 44	4	5	5	2	4	5	4	4	5	6
L. (T) +3	Summe Post-Test: 47	6	3	4	5	6	4	4	5	4	6
	Summe Ret.-Test: 49	4	5	4	5	5	6	4	5	5	6

Summierendes Gruppenergebnis im Vergleich von Pre- und Posttest:

(D)-Gruppe: von 283 Punkten hinzu 317 Punkten, d.h. +34 Punkte

(T)-Gruppe: von 297 Punkten hinzu 307 Punkten, d.h. +10 Punkte

Summierendes Gruppenergebnis im Vergleich der Retention-Tests

(D)-Gruppe: 299 Punkte

(T)-Gruppe: 337 Punkte